EL KYBALION
Tres iniciados

INTRODUCCIÓN

Tenemos mucho gusto en presentar a la atención de los estudiantes e investigadores de las doctrinas secretas esta pequeña obra basada sobre las antiquísimas enseñanzas herméticas. Ha habido tan poco escrito sobre este tema, a pesar de las innumerables referencias a las enseñanzas en las muchas obras sobre ocultismo, que los muchos diligentes buscadores de las verdades arcanas darán indudablemente la bienvenida a la aparición del presente volumen.

El propósito de esta obra no es la enunciación de ninguna filosofía o doctrina especiales, sino más bien dar a los estudiantes una exposición de la verdad que servirá para reconciliar los muchos pedacitos de conocimiento oculto que puedan haber adquirido, pero que aparentemente son opuestos uno al otro y que sirven a mentido para desanimar y disctistar al principiante en el estudio. Nuestro intento no es cí-igir un nuevo templo de conocimiento, sino más bien situar en las manos del estudiante una llave maestra con la que pueda abrir las muchas puertas internas en el templo del misterio a través de cuvos portales principales ya ha entrado.

No hay porción de las enseñanzas ocultas poseídas por el mundo que haya sido tan cuidadosamente guardada como los fragmentos de las enseñanzas herméticas que han llegado hasta nosotros a lo largo de las decenas de centurias que han trancurrido desde la vida de su gran fundador, Hermes Trismegistus, el «escriba de los dioses», que residió en el antiguo Egipto en los días en que la raza presente de los hombres estaba en su infancia. Contemporáneo de Abraham, y, si las leyendas son verdaderas, un instructor de ese venerable sabio, Hermes fue, y es, el gran sol central del ocultismo, cuyos rayos han servido para iluminar las innumerables enseñanzas que han sido promulgadas desde su tiempo. Todas las enseñanzas fundamentales y básicas contenidas en las enseñanzas esotéricas de toda raza pueden ser atribuidas a Hermes. Incluso las más antiguas enseñanzas de la India tienen indudablemente sus raíces en las enseñanzas herméticas originales.

Desde la tierra del Ganges muchos avanzados ocultistas viajaron a la tierra de Egipto, y se sentaron a los pies del maestro. De él obtuvieron la llave maestra que explicaba y reconciliaba sus puntos de vista divergentes, y así fue firmemente establecida la doctrina secreta. De otras tierras vinieron también los instruidos, todos los cuales consideraban a Hermes como el maestro de maestros, y su influencia fue tan grande que a pesar de las desviaciones del sendero por parte de los cientos de instructores en estas diferentes tierras, aún puede encontrarse un cierto parecido y correspondencia básicos que subyacen a las muchas y a menudo divergentes teorías mantenidas y enseñadas por los ocultistas de estas diferentes tierras hoy en día. El estudiante de las religiones comparadas será capaz de percibir la influencia de las enseñanzas herméticas en toda religión merecedora del nombre, conocida ahora por el hombre, sea una religión muerta o una en completo vigor en nuestro propio tiempo. Hay siempre una cierta correspondencia a pesar de los rasgos contradictorios, y las enseñanzas herméticas actúan como el gran reconciliador.

El trabajo de la vida de Hermes parece haber sido en la dirección de plantar la gran semilla de la verdad que ha crecido y florecido en santísimas formas extrañas, más que en establecer una escuela de filosofía que doniinara el pensamiento del mundo. Pero, no obstante, las verdades originales enseñadas por él han sido conservadas intactas en su pureza original por unos pocos hombres en cada edad, que,, rehusando a grandes números de estudiantes y seguidores desarrollados a medias, siguieron la costumbre hermética y reservaron su verdad para los pocos que estaban listos para comprenderla y amaestrarla. De labio a oído, la verdad ha sido transmitida entre los pocos. Siempre ha habido unos pocos iniciados en cada generación, en los diversos países de la tierra, que mantuvieron viva la llama sagrada de las enseñanzas herméticas, y ésos siempre han estado deseosos de usar sus lámparas para reencender las lámparas menores del mundo externo, cuando la luz de la verdad se volvía sombría, y nublada por la negligencia, y cuando las mechas se obstruían con materia extraña. Siempre hubieron unos pocos para atender fielmente al altar de la verdad, sobre el que se mantenía encendida la lámpara perpetua de la sabiduría. Estos hombres dedicaron sus vidas a la labor de amor que el poeta ha establecido tan bien en sus versos:

«¡Oh, no dejes que se extinga la llama! Protegida edad tras edad en su oscura caverna en sus santos templos cuidada. Alimentada por sacerdotes puros de amor- ¡no dejes que se extinga la llama!» Estos hombres nunca han buscado la aprobación popular ni una multitud de seguidores.

Son indiferentes a estas cosas, pues saben cuán pocos hay en cada generación que estén preparados para la verdad, o que la reconocerían si les fuera presentada. Reservan la «carne fuerte para los hombres», mientras otros proporcionan la «leche para los bebés». Reservan sus perlas de sabiduría para los pocos elegidos, que reconocen su valía y que las llevan en sus coronas, en vez de arrojarlas delante del vulgar puerco materialista, que las pisotearía en el fango y las mezclaría con su repugnante alimento mental. A pesar de eso, estos hombres nunca han olvidado las enseñanzas originales de Hermes, considerando el traspaso de las palabras de la verdad a esos preparados para recibirlas, enseñanza que está establecida en *El Kybalion* como sigue: «Donde caen las pisadas del maestro, los oídos de aquellos listos para su enseñanza se abren de par en par.» Y de nuevo: «Cuando los oídos del estudiante están listos para oír, vienen los labios con llenarlos con sabiduría.» Pero su actitud acostumbrada ha estado siempre estrictamente de acuerdo con el otro aforismo hermético. también en *El Kybalion:* «Los labios de la sabiduría están cerrados, excepto para los oídos del entendimiento.»

Hay quienes han criticado esta actitud de los hermetistas, y han proclamado que no manifestaban el espíritu apropiado en su política de reclusión y reticencia. Pero una ojeada momentánea hacia atrás sobre las páginas de la historia mostrará la sabiduría de los maestros, que sabían de la estupidez de intentar enseñar al mundo algo para lo que no estaba ni preparado ni deseoso de recibir. Los hermetistas nunca han buscado ser mártires, y se han sentado, en cambio, a un lado con una compadecedora sonrisa en sus labios cerrados, mientras los «paganos se enfurecían ruidosamente alrededor suyo» con su perversa costumbre de llevar a la muerte y la tortura a los entusiastas honestos, pero descaminados, que imaginaban que podían forzar, sobre una raza de bárbaros, la verdad capaz de ser entendida sólo por el elegido que había avanzado a lo largo del sendero.

Y el espíritu de persecución no ha muerto aún en la tierra.

Hay ciertas enseñanzas herméticas que, si se promulgasen públicamente, atraerían sobre los instructores un gran grito de escarnio y contumelia proviniente de la multitud, que elevaría de nuevo el grito de «¡Crucificad! ¡Crucificad!».

En esta pequeña obra nos hemos esforzado por datos una idea de las enseñanzas fundamentales de *El Kybalion*, haciendo lo posible por datos los principios funcionales, dejándoos que los apliquéis vosotros mismos, antes que intentar desarrollar la enseñanza en detalle. Si eres un verdadero estudiante, serás capaz de desarrollar y aplicar estos principios; si no, entonces debes convertirte en uno, pues de otro modo las enseñanzas herméticas serán como «palabras, palabras, palabras» para ti.

LOS TRES INICIADOS

CAPÍTULO 1

LA FILOSOFÍA HERMÉTICA

«Los labios de la sabiduría están cerrados, excepto para los oídos del entendimiento.»

El Kybalion.

Del antiguo Egipto han llegado las enseñanzas esotéricas y ocultas fundamentales que han influenciado tan fuertemente las filosofías de todas las razas., naciones y gentes, por varios miles de años. Egipto, el hogar de las pirámides y la esfinge, fue el lugar de nacimiento de la sabiduría escondida y las enseñanzas místicas: todas las naciones han tomado prestado de su doctrina secreta. India, Persia, Caldea, Medea, China, Japón, Asiria, la Grecia y la Roma antiguas, y otros antiguos países participaron liberalmente en el festín de conocimiento que los hierofantes y maestros de la tierra de Isis proporcionaban tan libremente a aquellos que venían preparados para participar del gran almacén de saber místico y oculto que las mentes de esa tierra habían reunido.

En el antiguo Egipto residían los grandes adeptos y maestros que nunca han sido sobrepasados, y que raramente han sido igualados, durante los siglos que han tenido su fuga procesional desde los días del gran Hermes. En Egipto estaba localizada la gran logia de logias de los místicos. A las puertas de sus templos entraban los neófitos, quienes posteriormente, como hierofantes, adeptos y maestros, viajaban a los cuatro rincones de la tierra, llevando consigo el precioso conocimiento que estaban preparados, ansiosos y deseosos de traspasar a aquellos que estuviesen listos para recibirlo. Todos los estudiantes de lo oculto reconocen la deuda que deben a estos venerables maestros de esa antigua tierra.

Pero entre estos grandes maestros del antiguo Egipto moró una vez uno a quien los maestros aclamaban como «el maestro de maestros». Este hombre, si es que en verdad era «hombre», moró en Egipto en los primerísimos días. Era conocido como Hermes Trismegistus. Él fue el padre de la sabiduría oculta; el fundador de la astrología; el descubridor de la alquimia. Los detalles del relato de su vida están perdidos para la historia debido al lapso de los años, aunque varios de los países antiguos disputaron uno con el otro en sus alegatos por el honor de haber suministrado su lugar de nacimiento, y de esto hace miles de años. La fecha de su residencia en Egipto, en esa su última encarnación sobre este planeta, no es conocida ahora, pero ha sido fijada en los primeros días de las más viejas dinastías de Egipto -mucho antes de los tiempos de Moisés-. Las mejores autoridades le consideran como un contemporáneo de Abraham, y algunas de las tradiciones judías llegan a afirmar que Abraham adquirió una porción de su conocimiento místico a partir de Hermes mismo.

Conforme los años rodaron tras su partida de este plano de vida (registrando la tradición que vivió trescientos años en la carne), los egipcios deificaron a Hermes, y le hicieron uno de sus dioses, bajo el nombre de Thoth. Años después, la gente de la Grecia antigua también le hizo uno de sus muchos dioses -llamándole «Hermes, el dios de la Sabiduría»-. Los egipcios reverenciaron su memoria por muchos siglos -sí, decenas de siglos- llamándole «el escriba de los dioses», y confiriéndole, honoríficamente, su antiguo título, «Trismegistus», que significa «el tres veces grande», «el gran grande», «el grande más grande», etcétera. En todos los países antiguos el nombre de Hermes Trismegistus fue reverenciado, siendo sinónimo el nombre con la «fuente de la sabiduría».

Incluso en estos días, usamos el término «hermético» en el sentido de «secreto», «sellado de manera que nada puede escaparse», etc., y esto en razón del hecho de que los seguidores de Hermes siempre observaron el principio del secreto en sus enseñanzas. Ellos no creían en «arrojar perlas ante los puercos», sino que más bien se atenían a la enseñanza «leche para los bebés; carne para hombres fuertes», ambas de cuyas máximas son familiares a los lectores de las escrituras cristianas, pero que también habían sido usadas por los egipcios durante siglos antes de la era cristiana.

Y esta política de diseminación cuidadosa de la verdad ha caracterizado siempre a las enseñanzas herméticas, incluso hasta el presente día. Las enseñanzas herméticas han de encontrarse en todas las tierras, entre todas las religiones, pero nunca identificadas con ningún país particular, ni con ninguna secta religiosa particular. Esto en razón de la advertencia de los antiguos instructores contra el permitir a la doctrina secreta que se volviese cristalizada en un credo. La sabiduría de esta amonestación es evidente para todos los estudiantes de la historia. El antiguo ocultismo de India y Persia degeneró, y fue grandemente perdido, debido al hecho de que los instructores se volvieron sacerdotes, y mezclaron así la teología con la filosofía, siendo el resultado que el ocultismo de India y Persia ha sido perdido gradualmente entre la masa de superstición religiosa, cultos, credos y «dioses». Así fue con la Grecia y la Roma antiguas. Así fue con las enseñanzas herméticas de los gnósticos y los cristianos primitivos, que se perdieron en el tiempo de Constantino, cuya mano de hierro asfixió la filosofía con la manta de la teología, perdiendo para la Iglesia cristiana lo que era su misma esencia y espíritu, y haciéndola buscar a ciegas a lo largo de varios siglos antes de que encontrase el camino de vuelta a su antigua fe, siendo las indicaciones evidentes para todos los observadores cuidadosos en este siglo xx el que la Iglesia esté ahora pugnando por volver a sus antiguas enseñanzas místicas.

Pero hubieron siempre unas pocas almas fieles que mantuvieron viva la llama, atendiéndola cuidadosamente, y no permitiendo que su luz se extinguiese. Y gracias a estos corazones leales y mentes valientes tenemos aún la verdad con nosotros.

Pero no se encuentra en los libros, en ninguna gran extensión. Ha sido transmitida de maestro a estudiante, de iniciado a hierofante, de labio a oído. Cuando fue escrita, su significado fue velado en términos de alquimia y astrología, de modo que sólo aquellos que poseyesen la clave pudieran leerla correctamente. Esto se hizo necesario a fin de impedir las persecuciones de los teólogos de la Edad Media, que combatieron la doctrina secreta con fuego y espada, estaca, horca y cruz. Incluso en este día no se encontrarán sino pocos libros dignos de confianza sobre la filosofía hermética, aunque haya innumerables referencias a ella en muchos libros escritos sobre diversas fases del ocultismo. ¡Y, sin embargo, la filosofía hermética es la única llave maestra que abrirá todas las puertas de las enseñanzas ocultas!

En los primeros días hubo una compilación de ciertas doctrinas herméticas básicas, pasadas de instructor a estudiante, que fue conocida como El Kybalion, habiendo sido perdido por varios siglos el significado y la importancia exactos del término. Esta enseñanza, sin embargo, es conocida por muchos a quienes ha descendido, de boca a oído, continuamente a lo largo de los siglos. Sus preceptos nunca han sido escritos, o impresos, hasta donde sabemos nosotros. Era meramente una colección de máximas, axiomas y preceptos, que eran ininteligibles para los intrusos, pero que eran fácilmente entendidos por los estudiantes, después que los axiomas, las máximas y los preceptos hubiesen sido explicados y ejemplificados por los iniciados herméticos a sus neófitos. Estas enseñanzas constituían realmente los principios básicos del «Arte de la alquimia hermética», el cual, contrariamente a la creencia general, trataba del dominio de las fuerzas mentales, antes que de los elementos materiales - la transmutación de una clase de vibraciones mentales en otras, en vez del cambio de una clase de metal en otro-. Las leyendas de la «piedra filosofal» que convertiría el metal bajo en oro, eran una alegoría relacionada con la filosofía hermética, rápidamente entendida por todos los estudiantes del verdadero hermetismo.

En este pequeño libro, del que ésta es la primera lección, invitamos a nuestros estudiantes a examinar las enseñanzas herméticas, tal como están expuestas en El Kybalion, y tal como son explicadas por nosotros mismos, humildes estudiantes de las enseñanzas, que, mientras que llevamos el título de iniciados, somos todavía estudiantes a los pies de Hermes, el maestro. Aquí os damos muchas de las máximas, axiomas y preceptos de El Kybalion, acompañados por explicaciones e ilustraciones que estimamos idóneas para hacer las enseñanzas más fácilmente comprensibles por el estudiante moderno, particularinente por cuanto el texto original está velado a propósito en términos oscuros.

Las máximas, axiomas y preceptos originales de El Kybalion están impresos aquí, entre signos de acotación, dado el crédito apropiado. Nuestro propio trabajo está impreso en el modo regular, en el cuerpo de la obra. Confiamos que los muchos estudiantes a los que ofrecemos ahora esta pequeña obra derivarán tanto beneficio del estudio de sus páginas como lo han hecho los muchos que han pasado antes, recorriendo el mismo sendero hacia la maestría a lo largo de los siglos que han pasado desde los tiempos de Hennes Trismegistus -el maestro de maestros-, el gran grande. En las palabras de *El Kybalion:*

«Donde caen las pisadas del maestro, los oídos de aquellos preparados para su enseñanza se abren
de par en par.»

El Kybalion.

Así que, de acuerdo con las enseñanzas, el pasar este libro a aquellos listos para la instrucción atraerá la atención de esos que están preparados para recibir la enseñanza. Y, del mismo modo, cuando el pupilo esté listo para recibir la verdad, entonces este pequeño libro le vendrá a él, o a ella. Tal es la ley. El principio hermético de causa y efecto, en su aspecto de la ley de atracción, juntará labios y oído, pupilo y libro en compañía. ¡Así sea!

CAPÍTULO II

LOS SIETE PRINCIPIOS HERMÉTICOS

«Los principios de la verdad son siete; aquel que conoce éstos, con
comprensión, posee la llave mágica ante cuyo toque todas las
puertas del templo se abren de repente.»

El Kybalion.

Los siete principios herméticos, sobre los que está basada toda la filosofía hermética, son
como sigue:

1. EL PRINCIPIO DE MENTALISMO.
2. EL PRINCIPIO DE CORRESPONDENCIA.
3. EL PRINCIPIO DE VIBRACIÓN.
4. EL PRINCIPIO DE POLARIDAD.
5. EL PRINCIPIO DE RITMO.
6. EL PRINCIPIO DE CAUSA Y EFECTO.
7. EL PRINCIPIO DE GÉNERO.

Estos siete principios serán discutidos y explicados según procedamos con estas
lecciones. Puede bien darse, sin embargo, en este punto una corta explicación de cada uno.

1. El principio de mentalismo

«EL TODO es MENTE; el universo es mental.»

El Kybalion.

Este principio incorpora la verdad de que «todo es mente». Explica que EL TODO
(que es la realidad sustancial que subyace a todas las manifestaciones y apariencias
externas que conocemos bajo los témiinos de «el universo material», «el fenómeno de la
vida», «materia», «energía», y, en breve, todo lo que es evidente a nuestros sentidos
materiales) es ESPÍRITU, que en sí mismo es INCOGNOSCIBLE e INDEFINIBLE, pero
que puede ser considerado y concebido como UNA MENTE UNIVERSAL, INFINITA Y
VIVIENTE. Explica también que todo el mundo o universo fenomenal es simplemente una
creación mental del TODO, sujeto a las leyes de las cosas creadas, y que el universo,
como conjunto, y en sus partes o unidades, tiene su existencia en la mente del TODO, en
cuya mente «vivimos, nos movemos y tenemos nuestro ser». Este principio,
estableciendo la naturaleza mental del universo, explica fácilmente todos los variados
fenómenos mentales y psíquicos que ocupan una porción tan grande de la atención
pública, y que, sin tal explicación, son incomprensibles y desafían el tratamiento
científico. Una comprensión de este gran principio hermético de mentalismo capacita al
individuo para captar fácilmente las leyes del universo mental, y para aplicar las mismas
a su bienestar y avance. El estudiante hermético está capacitado para aplicar
inteligentemente las grandes leyes mentales, en vez de usarlas de una manera fortuita.
Con la llave maestra en su posesión, el estudiante puede abrir las muchas puertas del
templo mental y psíquico del conocimiento, y entrar al mismo libre e inteligentemente.
Este principio explica la verdadera naturaleza de «energía», «poder» y «materia», y por
qué y cómo están todos éstos subordinados a la maestría de la mente. Uno de los viejos
maestros herméticos escribió hace   mucho tiempo: «El que capta la verdad de la
naturaleza mental del universo está bien avanzado en el sendero hacia la maestría.» Y
estas palabras son tan verdaderas hoy como en el tiempo en que fueron escritas por
primera vez. Sin esta llave maestra, la maestría es imposible, y el estudiante llama en
vano a las muchas puertas del templo.

2. El principio de correspondencia

«Como es arriba, es abajo; como es abajo, es arriba.»

El Kybalion.

Este principio incorpora la verdad de que hay siempre una correspondencia entre las leyes y fenómenos de los diversos planos de existencia y vida. El viejo axioma hermético lo ponía en estas palabras: «Como es arriba, es abajo; como es abajo, es arriba.» Y la captación de este principio da uno de los medios de solucionar muchas oscuras paradojas y secretos escondidos de la Naturaleza. Hay planos más allá de nuestro conocimiento, pero cuando les aplicamos el principio de correspondencia somos capaces de entender mucho que de otro modo nos habría sido incognoscible. Este principio es de aplicación y manifestación universal, en los diversos planos del universo material, mental y espiritual; es una ley universal. Los antiguos hermetistas consideraban este principio como uno de los más importantes instrumentos mentales por el que el hombre era capaz de atisbar a un lado de los obstáculos que ocultan lo desconocido a la vista. Su uso incluso rasgaba el velo de Isis hasta el punto de que podía verse un vislumbre de la cara de la diosa. Igual que un conocimiento de los principios de la Geometría capacita al hombre para medir soles distantes y sus movimientos, mientras está sentado en su observatorio, así un conocimiento del principio de correspondencia capacita al hombre para razonar inteligentemente desde lo conocido hasta lo desconocido. Estudiando a la mónada, entiende al arcángel.

3. El principio de vibración

«Nada descansa; todo se mueve; todo vibra.»

El Kybalion.

Este principio incorpora la verdad de que «todo está en movimiento», «todo vibra», «nada está en reposo»; hechos que la ciencia moderna refrenda, y que cada nuevo descubrimiento científico tiende a verificar. Y sin embargo este principio hermético fue enunciado hace miles de años por los maestros del antiguo Egipto. Este principio explica que las diferencias entre manifestaciones diferentes de materia, energía, mente, e incluso espíritu, resultan mayormente de frecuencias de vibración variables. Desde EL TODO, que es espíritu puro, bajando hasta la forma más grosera de materia, todo está en vibración -cuanto más alta la vibración, más alta la posición en la escala-. La vibración del espíritu es en un rango de intensidad y rapidez infinitas tal que está prácticamente en reposo -igual que una rueda moviéndose rápidamente parece inmóvil-. Y en el otro extremo de la escala, hay formas groseras de materia cuyas vibraciones son tan bajas como para parecer en reposo. Entre estos dos polos hay millones sobre millones de grados variables de vibración. Desde el corpúsculo y el electrón, el átomo y la molécula, hasta los mundos y universos, todo está en moción vibratoria. Esto también es verdad en los planos de energía y fuerza (que no son sino grados diversos de vibración); y también en los planos mentales (cuyos estados dependen de vibraciones); e incluso en los planos espirituales. Un entendimiento de este principio, con las fórmulas apropiadas, capacita a los estudiantes herméticos a controlar sus propias vibraciones mentales, así como las de otros. Los maestros también aplican este principio a la conquista de los fenómenos naturales, en modos diversos. «Aquel que entiende el principio de vibración, ha agarrado el cetro del poder», dice uno de los viejos escritores.

4. El principio de polaridad

«Todo es dual; todo tiene polos; todo tiene su par de opuestos; semejante y desemejante son lo mismo; los opuestos son idénticos en naturaleza, pero diferentes en grado: los extremos se encuentran; todas las verdades no son sino medias verdades; todas las paradojas pueden ser reconciliadas.»

El Kybalion.

Este principio incorpora la verdad -de que «todo es dual», «todo tiene dos polos», «todo tiene su par de opuestos», todos los cuales eran viejos axiomas herméticos. Explica las viejas paradojas, que han dejado perplejos a tantísimos, que han sido establecidas como sigue: «Tesis y antítesis son idénticas en naturaleza, pero diferentes en grado»; «los opuestos son lo mismo, difiriendo sólo en grado»; los pares de opuestos pueden ser reconciliados»; «los extremos se encuentran»; «todo es y no es al mismo tiempo»; «todas las verdades no son sino medias verdades»; «toda verdad es medio falsa»; «hay dos lados para todo», etc.   Explica que en todo hay dos polos, o aspectos opuestos, y que los «opuestos» son realmente sólo los dos extremos de la misma cosa, con muchos grados variables entre ellos. Para ilustrar esto: calor y frío, aunque «opuestos», son realmente la misma cosa, consistiendo la diferencia meramente de grados de la misma cosa. ¡Mirad a vuestro termómetro y ved si podéis descubrir dónde termina el «calor» y comienza el «frío»! NO hay tal cosa como el «calor absoluto» o el «frío absoluto» -los dos términos «calor» y «frío» indican simplemente grados variables de la misma cosa, y esa «misma cosa» que se manifiesta como «calor» y «frío» es meramente una forma, una variedad y una frecuencia de vibración-. Así que «calor» y «frío» son simplemente los «dos polos» de eso que llamamos «calor»-y los fenómenos que le acompañan en consecuencia son manifestaciones del principio de polaridad-. El mismo principio se manifiesta en el caso de «luz y oscuridad», que son la misma cosa, consistiendo la diferencia de grados variables entre los dos polos del fenómeno. ¿Dónde cesa la «oscuridad» y comienza la «luz»? ¿Cuál es la diferencia entre « grande» y «pequeño»? ¿Entre «duro» y «blando»? ¿Entre «negro» y «blanco»? ¿Entre «agudo» y «romo»? ¿Entre «bulla» y «calma»"? ¿Entre «alto» y «bajo»? ¿Entre «positivo» y «negativo»? El principio de polaridad explica estas paradojas, Y ningún otro principio puede suplantarlo. El mismo principio opera en el plano mental. Tomemos un ejemplo radical y extremo: el de «amor y odio», dos estados mentales totalmente diferentes aparentemente. Y sin embargo hay grados de odio y grados de amor, y un punto medio en el que usamos los términos «gusto» e, «disgusto». que se solapan tan Gradualmente que a veces no atinamos a saber si «gustamos» o «disgustamos» o «ninguna de ambas cosas». Y todos son simplemente grados de la misma cosa, como veréis si queréis pensar tan sólo un momento. Y más que esto (y considerado de más importancia por los hermetistas), es posible cambiar las vibraciones de odio a las vibraciones de amor, en la propia mente de uno y en las mentes de otros. Muchos de vosotros, que leéis estas líneas, habéis tenido experiencias personales de la rápida transición involuntaria del amor al odio, y al contrario, en vuestro propio caso y en el de otros. Y realizaréis por tanto la posibilidad de que esto se consiga por el uso de la voluntad, por medio de las fórmulas herméticas. «Bien» y «mal» no son sino los polos de la misma cosa, y el hermetista entiende el arte de transmutar el mal en bien, por medio de una aplicación del principio de polaridad. En breve, el «arte de polarización» se convierte en una fase de la «alquimia mental» conocida y practicada por los maestros herméticos antiguos y modernos. Un entendimiento del principio le capacitará a uno para cambiar su propia polaridad, así como la de otros, si quiere dedicar el tiempo y el estudio necesario para amaestrar el arte.

5.   El principio de ritmo

«Todo fluye, fuera y dentro; todo tiene sus mareas; todas las cosas suben y bajan; la oscilación del péndulo se manifiesta en todo; la medida de la oscilación hacia la derecha es la medida de la oscilación hacia la izquierda; el ritmo compensa.»

El Kybalion.

Este principio incorpora la verdad de que en todo hay manifestada una moción medida, a un lado y otro; un flujo y un reflujo; un vaivén hacia atrás y hacia adelante; una mengua y una crecida como una marea; una pleamar y una bajamar; entre los dos polos que existen de acuerdo con el principio de polaridad descrito hace un momento. Hay siempre una acción y una reacción; un avance y un retroceso; una elevación y un hundimiento. Esto es así en los asuntos del universo, soles, mundos, hombres, animales, mente, energía y materia. Esta ley está manifiesta en la creación y destrucción de mundos; en la elevación y caída de naciones; en la vida de todas las cosas; y finalmente en los estados mentales del hombre (y es con este último que los hermetistas encuentran el entendimiento del principio sumamente importante). Los hermetistas han captado este principio, encontrando su aplicación universal, y han descubierto también ciertos medios de superar sus efectos en ellos mismos por el uso de las fórmulas y métodos apropiados. Ellos aplican la ley mental de neutralización. No pueden anular el principio, o hacerle cesar su operación, pero han aprendido cómo escapar a sus efectos sobre ellos mismos hasta un cierto grado dependiendo de la maestría del principio. Han aprendido cómo USARLO, en vez de ser USADOS POR él. En este método y en otros similares, consiste el arte de los hermetistas. El maestro de las enseñanzas herméticas se polariza en el punto en el que desea reposar, y neutraliza entonces la oscilación rítmica del péndulo que tendería a conducirle al otro polo. Todos los individuos que han alcanzado cualquier grado de auto-maestría hacen esto hasta un cierto grado, más o menos inconscientemente, pero el maestro hace esto conscientemente, y por el uso de su voluntad, y alcanza un grado de aplomo y firmeza mental casi imposible de creer por parte de las masas que son balanceadas hacia atrás y hacia adelante como un péndulo. Este principio y el de polaridad han sido estudiados estrechamente por los hermetistas, y los métodos de contrarrestarlos, neutralizarlos y USARLOS forman una parte importante de la alquimia mental hermética.

6. El principio de causa y efecto

«Toda causa tiene su efecto; todo efecto tiene su causa; todo sucede de acuerdo con la ley-. casualidad no es sino un nombre para la ley no reconocida; hay muchos planos de causación, pero nada se escapa a la ley.»

El Kybalion.

Este principio incorpora el hecho de que hay una causa para todo efecto; un efecto a partir de toda causa. Explica que: «Todo sucede de acuerdo con la ley»; que nada nunca «meramente sucede»; que no hay tal cosa como la casualidad; que núentras que hay diversos planos de causa y efecto, dominando los planos superiores a los inferiores, a pesar de eso nada se escapa nunca enteramente a la ley. Los hennetistas entienden el arte y los métodos de elevarse por encima del plano ordinario de causa y efecto, hasta un cierto grado, y elevándose mentalmente a un plano superior se vuelven causantes en vez de efectos. Las masas de gente son conducidas, obedientes al entomo; a las voluntades y deseos de otros más fuertes que ellos; a la herencia; a la sugestión; y a otras causas externas que les mueven de un lado para otro como peones en el tablero de ajedrez de la vida. Pero los maestros, elevándose al plano superior, dominan sus humores, caracteres, cualidades y poderes, así como el entomo que los rodea, y se convierten en movedores en vez de peones. Concurren a JUGAR EL JUEGO DE LA VIDA, en vez de ser jugados y movidos de un lado para otro por las voluntades de otros y el entomo. USAN el principio en vez de ser sus herramientas. Los maestros obedecen la causación de los planos superiores, pero la ayudan a REGIR en su propio plano. En esta afirmación está condensado un tesoro de conocimiento hermético -léalo el que pueda.

7. El principio de género

«El género está en todo; todo tiene sus principios masculino y femenino: el género se manifiesta en todos los planos.»

El Kybalion.

Este principio incorpora la verdad de que hay un GÉNERO manifestado en toda cosa – los principios masculino y femenino están siempre en funcionamiento-. Esto es verdadero no sólo del plano físico, sino de los planos mentales e incluso espirituales. Sobre el plano físico, el principio se manifiesta como SEXO, sobre los planos superiores toma formas más ligeras, pero el principio es siempre el mismo. Ninguna creación, física, mental o espiritual, es posible sin este principio. lJn entendimiento de sus leyes arrojará luz sobre muchos temas que han dejado perplejas a las mentes de los hombres. El principio de género trabaja siempre en la dirección de la generación y la creación. Toda cosa, y toda persona, contiene los dos elementos o principios, o este gran principio, dentro de sí, de él o de ella. Toda cosa macho tiene también el elemento hembra; toda hembra contiene también el principio macho. Si queréis entender la filosofía de la creación, la generación y la regeneración mentales y espirituales, debéis entender y estudiar este principio hermético. Contiene la solución de muchos misterios de la vida. Os precavernos que este principio no tiene referencia alguna a las muchas teorías, enseñanzas y prácticas bajas, perniciosas y degradantes, que se enseñan bajo títulos antojadizos, y que son una prostitución del gran principio natural del género. Tales bajos revivires de las antiguas e infames formas del falicismo tienden a arruinar la mente, el cuerpo y el alma, y la filosofía hermética siempre ha hecho sonar la nota de advertencia contra estas degradadas enseñanzas que tienden hacia la lujuria, la licenciosidad y la perversión de los principios de la Naturaleza. Si buscáis tales enseñanzas, debéis ir a otra parte por ellas -el hermetismo no contiene nada para vosotros a lo largo de estas líneas-. Para el puro, todas las cosas son puras; para el bajo, todas las cosas son bajas.

CAPÍTULO III

TRANSMUTACIÓ

N MENTAL

«La mente (así como los metales y los elementos) puede ser transmutada, de estado a estado; de grado a grado; de condición a condición; de polo a polo; de vibración a vibración. La verdadera transmutación hermética es un arte mental.»

El Kybalion.

Como hemos establecido, los hermetistas fueron los alquimistas, astrólogos y psicólogos originales, habiendo sido Hermes el fundador de estas escuelas de pensamiento. A partir de la astrología ha crecido la astronomía moderna; a partir de la alquimia ha crecido la química moderna; a partir de la psicología mística ha crecido la psicología moderna de las escuelas. Pero no debe suponerse que los antiguos eran ignorantes de aquello que las escuelas modernas suponen ser su propiedad exclusiva y especial. Los registros grabados en las piedras del antiguo Egipto muestran exclusivamente que los antiguos tenían un pleno conocimiento comprensivo de la astronomía, mostrando la misma edificación de las pirámides la conexión entre su diseño y el estudio de la ciencia astronómico. Ni ignoraban la química, pues los fragmentos de las antiguas escrituras muestran que estaban familiarizados con las propiedades químicas de las cosas; de hecho, las teorías antiguas concernientes a la física están siendo lentamente verificadas por los últimos descubrimientos de la ciencia moderna, principalmente los que se relacionan con la constitución de la materia. Ni debe suponerse que fueran ignorantes de los descubrimientos supuestamente modernos en psicología; al contrario, los egipcios estaban especialmente adiestrados en la ciencia de la psicología, particularmente en las ramas que las escuelas modernas ignoran, pero que, no obstante, están siendo puestas al descubierto bajo el nombre de «ciencia psíquica», lo que está dejando perplejos a los psicólogos de hoy en día, y haciéndoles reluctantes a admitir que «puede haber algo en ello después de todo».

La verdad es que bajo la química, la astronomía y la psicología materiales (esto es, la psicología en su fase de «acción cerebral»), los antiguos poseían un conocimiento de astronomía trascendental llamado astrología; de química trascendental, llamado alquimia; de psicología trascendental, llamado psicología mística. Poseían el conocimiento interno, así corno el conocimiento externo, siendo poseído por los científicos modernos solamente el último. Entre las muchas ramas secretas del conocimiento poseídas por los hermetistas, estaba la conocida como la transmutación mental, que forma la materia de esta lección.

«Transmutación» es un término usualmente empleado para designar el antiguo arte de la transmutación de los metales -particularmente de los metales bajos en oro-. La palabra «transmutar» significa «cambiar de una naturaleza, forma o sustancia a otra; transformar» (Webster). Y acordemente, «transmutación mental» significa el arte de cambiar y transformar estados, formas y condiciones mentales en otros. Así que podéis ver que la transmutación mental es el «arte de la química mental», si gustáis del término -una forma de psicología mística práctica.

Pero esto significa mucho más de lo que parece en la superficie. La transmutación, la alquimia o la química, en el plano mental es lo bastante importante en sus efectos, con seguridad, y si el arte se detuviese habría aún ahí una de las más importantes ramas de estudio conocidas por el hombre. Pero éste es sólo el comienzo. ¡Veamos porqué!

El primero de los siete principios herméticos es el principio de mentalismo, cuyo axioma es «EL TODO es mente; el universo es mental», que significa que la realidad subyacente del universo es mente; y el universo mismo es mental, esto es, «existente en la mente del

TODO»-. Consideraremos este principio en lecciones sucesivas, pero veamos el efecto del principio si se asumiera que es verdadero.

Si el universo es mental en su naturaleza, entonces la transrnutación mental debe ser el arte de CAMBIAR LAS CONDICIONES DEL UNIVERSO, a lo largo de las líneas de materia, fuerza y mente. Veis, por consiguiente, que la transmutación mental es realmente la «magia» de la que los antiguos escritores tenían tanto que decir en sus obras místicas, y sobre la que dieron tan pocas instrucciones prácticas. Si todo es mental, entonces el arte que le capacita a uno para transmutar condiciones mentales debe hacer al maestro el controlador de las condiciones materiales, así como de las ordinariamente llamadas «mentales».

Como una cuestión de hecho, nadie sino los alquimistas mentales avanzados han sido capaces de alcanzar el grado de poder necesario para controlar las condiciones físicas más groseras, tales como el control de los elementos de la Naturaleza; la producción o cesación de tempestades; la producción y cesación de terremotos y otros grandes fenómenos físicos. Pero que tales hombres han existido, y existen hoy en día, es una cuestión de creencia sincera para todos los ocultistas avanzados de todas las escuelas. Que los maestros existen, y tienen estos poderes, lo aseguran los mejores instructores a sus estudiantes, habiendo tenido experiencias que les justifican en tales creencias y afirmaciones. Estos maestros no hacen exhibiciones públicas de sus poderes, sino que buscan la reclusión de las multitudes de gente, a fin de trabajar mejor su camino a lo largo del sendero de consecución. Mencionamos su existencia, en este punto, meramente para llamar vuestra atención hacia el hecho de que su poder es enteramente mental, y opera a lo largo de las líneas de la transmutación mental superior, bajo el principio hermético de mentalismo. «El universo es mental», El Kybalion.

Pero los estudiantes y hermetistas de menor grado que los maestros -los iniciados e instructores- son capaces de trabajar libremente a lo largo del plano mental, en la transmutación mental. De hecho, todo lo que llamamos «fenómenos psíquicos», «influencia mental», «ciencia mental», «fenómenos del nuevo-pensamiento», etc., opera a lo largo de las mismas líneas generales, pues no hay sino un principio involucrado, no importa por qué nombre puedan ser llamados los fenómenos.

El estudiante y practicante de la transmutación mental trabaja entre el plano mental, transmutando condiciones mentales, estados, etc., en otros, de acuerdo con diversas fórmulas, más o menos eficaces. Los diversos «tratamientos», «afirmaciones», «negaciones», etc., de las escuelas de ciencia mental no son sino fórmulas, a menudo bastante imperfectas y acientíficas, del arte hermético. La mayoría de los practicantes modernos son bastante ignorantes comparados con los antiguos maestros, pues carecen del conocimiento fundamental sobre el que está basado el trabajo.

No sólo son cambiados o transmutados los estados mentales, etc., de uno mismo por los métodos herméticos; sino que también los estados de otros pueden, y son, constantemente transmutados del mismo modo, usualmente de modo inconsciente pero a menudo conscientemente, por algunos que entienden las leyes y principios en casos en los que la gente afectada no está informada de los principios de autoprotección. Y más que esto, como muchos estudiantes y practicantes de la moderna ciencia mental saben, toda condición material dependiente de las mentes de otra gente puede ser cambiada o transmutada de acuerdo con el deseo sincero, la voluntad y «tratamientos» de la persona que desea condiciones de vida cambiadas. El público está tan generalmente informado respecto a estas cosas en el presente, que no estimamos necesario mencionarlas en largura, siendo nuestro propósito en este punto meramente mostrar el principio y el arte herméticos que subyacen a todas estas diversas formas de práctica, buenas y malas, pues la fuerza puede ser usada en direcciones opuestas de acuerdo con los principios herméticos de polaridad.

En este pequeño libro estableceremos los principios básicos de la transmutación mental, de modo que todos los que lo lean puedan captar los principios subyacentes, y poseer así la llave maestra que abrirá las muchas puertas del principio de polaridad.

Procederemos a una consideración del primero de los siete principios herméticos -el principio de mentalismo-, en el que está explicada la verdad de que «EL TODO es mente; el universo es mental», en palabras de El Kybalion. Pedimos la atención estrecha, y el cuidadoso estudio de este gran principio, de parte de nuestros estudiantes, pues es realmente el principio básico de toda la filosofía hermética y del arte hermético de la transmutación mental.

CAPITULO
EL TODO

«Bajo y tras del universo de tiempo, espacio y cambio, ha de encontrarse siempre la realidad sustancial, la verdad fundamental.»

El Kybalion.

«Sustancia» significa: «aquello que subyace a todas las manifestaciones externas; la esencia; la realidad esencial; la cosa en sí», etc. «Sustancial» significa: «existiendo realmente; siendo el elemento esencial; siendo real», etc. «Realidad» significa: «él estado de ser real; verdadero, duradero; válido, fijo, permanente; efectivo», etc.

Bajo y detrás de todas las apariencias o manifestaciones externas, debe haber siempre una realidad sustancial. Ésta es la ley. El hombre, al considerar el universo del que es una unidad, no ve sino cambio en la materia, las fuerzas y los estados mentales. Ve que nada realmente ES, pero que todo está VINIENDO A SER y CAMBIANDO. Nada permanece quieto -todo está naciendo, creciendo, muriendo-, el mismo instante en que una cosa alcanza su cima empieza a declinar -la ley del ritmo está en operación constante-, no hay ninguna realidad, cualidad duradera, fijeza o sustancialidad en nada; nada es permanente sino el cambio. Él ve todas las cosas evolucionando a partir de otras cosas, y resolviéndose en otras cosas -una constante acción y reacción; influjo y eflujo; edificación y derrumbamiento; creación y destrucción; nacimiento, crecimiento y muerte-. Nada dura sino el cambio. Y si es un hombre que piensa, realizará que todas estas cosas cambiantes no deben ser sino las apariencias o manifestaciones externas de algún poder subyacente - alguna realidad sustancial.

Todos los pensadores, en todas las tierras y en todos los tiempos, han asumido la necesidad de postular la existencia de esta realidad sustancial. Todas las filosofías merecedoras del nombre han estado basadas sobre este pensamiento. Los hombres le han dado muchos nombres a esta realidad sustancial -algunos la han llamado por el término de deidad (bajo muchos títulos); otros la han llamado «la energía infinita y eterna»; otros han tratado de llamarla «materia»-, pero todos han reconocido su existencia. Es auto-evidente -no necesita ningún argumento.

En estas lecciones hemos seguido el ejemplo de algunos de los más grandes pensadores del mundo, tanto antiguos como modernos -los maestros herméticos- y hemos llamado a este poder subyacente -esta realidad sustancial- por el nombre hermético de «EL TODO», término que consideramos el más comprensivo de los muchos términos aplicados por el hombre a ESO que trasciende nombres y términos.

Aceptamos y enseñamos el punto de vista de los grandes pensadores herméticos de todos los tiempos, así como el de esas almas iluminadas que han alcanzado planos superiores del ser, ambos de los cuales afirman que la naturaleza interna del TODO es INCOGNOSCIBLE. Esto debe ser así, pues nada sino EL TODO mismo puede comprender su propia naturaleza y ser.

Los hermetistas creen y enseñan que EL TODO, «en sí mismo», es y debe ser siempre INCOGNOSCIBLE. No consideran todas las teorías, conjeturas y especulaciones de los teólogos y metafísicos concernientes a la naturaleza interna del TODO, sino como pueriles esfuerzos de mentes mortales por captar el secreto del infinito. Tales esfuerzos han fallado siempre y siempre fallarán, por la naturaleza misma de la tarea. Uno que persigue tales pesquisas viaja dando vueltas y vueltas en el laberinto del pensamiento, hasta que está perdido a todo razonamiento, acción o conducta sanos, y del todo inadecuado para el trabajo de la vida. Él es como la ardilla que corre frenéticamente dando vueltas a la redonda rueda de molino de su jaula, viajando siempre y sin embargo no llegando a ninguna parte - al final todavía una prisionera-, y hallándose justo donde comenzó.

Y aún más presuntuosos son aquellos que intentan adscribir al TODO la personalidad, cualidades, propiedades, características y atributos de ellos mismos, adscribiendo al TODO las emociones, sentimientos y características humanos, incluso hasta las más mezquinas cualidades de la humanidad, tales como celos, -susceptibilidad a la adulación y la alabanza, deseo de ofrendas y adoración, y todas las otras supervivientes de los días de la infancia de la raza. Tales ideas no son dignas de hombres y mujeres crecidos, y están siendo rápidamente descartadas.

(En este punto puede ser apropiado que establezca que hacemos una distinción entre religión y teología, entre filosofía y metafísica. Religión, para nosotros, significa esa realización intuitiva de la existencia del TODO, y la relación de uno con él; mientras que teología significa los intentos de los hombres por adscribirle personalidad, cualidades y características; sus teorías concernientes a sus asuntos, voluntad, deseos, planes y designios; y su asunción del oficio de «mediadores» entre EL TODO y la gente. Filosofía significa, para nosotros, la pesquisa tras el conocimiento de las cosas cognoscibles y pensables; mientras que metafísica significa el intento por llevar la pesquisa sobre y más allá de los límites y a regiones incognoscibles e impensables, y con la misma tendencia que la de la teología. Y consecuentemente, tanto religión como filosofía significan para nosotros cosas que tienen raíces en la realidad, mientras que la teología y la metafísica parecen como cañas rotas, enraizadas en las arenas movedizas de la ignorancia, y no proporcionando nada sino el más inseguro soporte para la mente o el alma del hombre. No insistimos en que nuestros estudiantes acepten estas definiciones, las mencionamos meramente para mostrar nuestra posición. En cualquier caso, oiréis muy poco sobre teología y metafísica en estas lecciones.)

Pero mientras que la naturaleza esencial del TODO es incognoscible, hay ciertas verdades conectadas con su existencia que la mente humana se encuentra compelida a aceptar. Y un examen de estos dictámenes forma un tema de investigación apropiado, particularmente por cuanto que coinciden con los dictámenes de los iluminados en los planos superiores. Y a esta investigación os invitamos ahora.

«AQUELLO que es la verdad fundamental -la realidad sustancial- está más allá de toda denominación verdadera, pero los sabios lo llaman EL TODO.»

El Kybalion.

«En su esencia, EL TODO es INCOGNOSCIBLE.»

El Kybalion.

«Pero el dictamen de la razón debe ser hospitalariamente recibido, y tratado con respeto.»

El Kybalion.

La razón humana, cuyos dictámenes debemos aceptar mientras pensamos, nos informa como sigue con respecto al TODO, y eso sin intentar apartar el velo de lo incognoscible:

1. EL TODO debe ser TODO lo que REALMENTE ES. No puede haber nada existiendo fuera del TODO, de otro modo EL TODO no sería EL TODO.

2. EL TODO debe ser INFINITO, pues no hay nada más para definir, confinar, atar, limitar o restringir al TODO. Debe ser infinito en el tiempo, o ETERNO. Debe haber existido siempre continuamente, pues no hay nada más para haberlo creado nunca, y algo nunca puede desarrollarse a partir de nada, Y si hubiera «no sido» alguna vez, incluso por un momento, no «sería» ahora-; debe existir continuamente por siempre, pues no hay nada para destruirlo, y nunca puede «no ser», siquiera por un momento, porque algo nunca puede convertirse en nada. Debe ser infinito en el espacio, debe estar en todas partes, pues no hay ningún lugar fuera del TODO-; no puede ser más que continuo en el espacio, sin ruptura, cesación, separación o interrupción, pues no hay nada que rompa, separe o interrumpa su continuidad, y nada con lo que «rellenar los huecos». Debe, ser infinito en poder, o absoluto, pues no hay nada para limitarlo, restringirlo, constreñirlo, confinarlo, perturbarle o condicionarlo -no está sujeto a ningún otro poder, pues no hay otro poder.

3. EL TODO debe ser INMUTABLE o no sujeto a cambio en su naturaleza real, pues no hay nada para efectuar cambios sobre él; nada en lo que podría cambiar, ni a partir de lo que podría haber sido cambiado. No puede ser añadido ni sustraído, incrementado o disminuido, ni volverse mayor o menor en ningún aspecto. Debe haber sido siempre, y debe permanecer siempre, justo lo que ahora es -EL TODO-; nunca ha habido, no hay ahora y nunca habrá alguna otra cosa a la que pueda cambiar.

Siendo EL TODO infinito, absoluto, eterno e incambiable, debe seguirse que cualquier cosa finita, cambiable, fugaz y condicionada no puede ser EL TODO. Y puesto que no hay nada fuera del TODO, en realidad, entonces cualquiera de, y todas, esas cosas finitas deben ser como nada en realidad. Ahora bien, no os obnubiléis, ni os asustéis; no estarnos tratando de conduciros al área de la ciencia cristiana bajo la cubierta de la filosofía hermética. Hay una reconciliación de este estado de cosas aparentemente contradictorio. Sed pacientes, llegaremos a ello con el tiempo.

Vemos alrededor nuestro eso que se llama «materia», que forma el fundamento físico para todas las formas. ¿Es EL TODO meramente materia? ¡No del todo! La materia no puede manifestar vida o mente, y puesto que la vida y la mente están manifestadas en el universo, EL TODO no puede ser materia, pues nada se eleva más alto que su propio origen; nada se manifiesta nunca en un efecto que no esté en la causa; nada se desarrolla como un consecuente que no esté involucrado como un antecedente. Y además la ciencia moderna nos informa que no hay realmente tal cosa como la materia; que lo que llamamos materia es meramente «energía o fuerza interrumpida», esto es, energía o fuerza a una frecuencia baja de vibración. Como ha dicho un escritor reciente, «la materia se ha fundido en el misterio». Incluso la ciencia material ha abandonado la teoría de la materia, y descansa ahora sobre la base de la «energía».

Entonces, ¿es EL TODO mera energía o fuerza ? No energía y fuerza como los materialistas usan los términos, pues su energía y fuerza son cosas ciegas, mecánicas, vacías de vida o mente. Vida y mente nunca pueden desarrollarse a partir de una energía o fuerza ciega, por la razón dada hace un momento:

«Nada puede elevarse más alto que su origen; nada se desenvuelve a no ser que esté envuelto; nada se manifiesta en el efecto a no ser que esté en la causa.» Y, así pues, EL TODO no puede ser mera energía o fuerza, pues, si lo fuera, entonces no habría cosas tales como vida y mente en existencia, y sabemos que no es así, pues estamos vivos y usando la mente para considerar esta misma cuestión, e igual lo están esos que alegan que todo es energía o fuerza.

¿Qué hay, pues, superior a la materia o la energía que sepamos que es existente en el universo?

¡VIDA Y MENTE! ¡Vida y mente en todos sus grados variables de desenvolvimiento!

«Entonces», preguntaréis, «¿quieres decimos que EL TODO es VIDA y MENTE?» ¡Sí! y ¡no! Es nuestra respuesta.

¡Si queréis decir vida y mente tal como nosotros pobres y mezquinos mortales las conocemos, decimos no! ¡EL TODO no es eso! «Pero, ¿qué clase de vida y mente queréis dar a entender?», preguntaréis.

La respuesta es «MENTE VIVIENTE, tan por encima de lo que los mortales conocen por esas palabras, como vida y mente son superiores a las fuerzas mecánicas, o materia; MENTE VIVIENTE INFINITA por comparación con vida y mente finitas». Queremos decir lo que las almas iluminadas quieren decir cuando pronuncian reverentemente la palabra: «¡ESPÍRITU!» «EL TODO» es mente viviente infinita. ¡El iluminado lo llama ESPÍRITU!

CAPÍTULO V

EL UNIVERSO MENTAL

«El universo es mental, sostenido en la mente del TODO.»

El Kybalion.

¡EL TODO es ESPÍRITU! Pero ¿qué es espíritu? Esta pregunta no puede ser respondida, por la razón de que su definición es prácticamente la del TODO, que no puede ser explicado o definido. Espíritu es simplemente un nombre que dan los hombres a la concepción más elevada de la mente viviente infinita; significa «la esencia real», signífica mente viviente, tan superior a vida y mente tal como las conocemos, como las últimas son superiores a la energía y la materia mecánicas. El espíritu trasciende nuestra comprensión, y usamos el término merarnente a fin de que podamos pensar o hablar del TODO. Para los fines del pensamiento y el entendimiento, estamos justificados de pensar en el espíritu como mente viviente infinita, reconociendo al mismo tiempo que no podemos entenderlo plenamente. Debemos o bien hacer esto o parar de pensar del todo en la cuestión.
Procedamos ahora a una consideración de la naturaleza del universo, como un todo y en sus
partes.
¿Qué es el universo?

Hemos visto que no puede haber nada fuera del TODO. Entonces, ¿es el universo EL TODO? No, no puede serlo, porque el universo parece estar constituido de MUCHOS, y está cambiando constantemente, y en otros modos no se ajusta a las ideas que estamos compelidos a aceptar concernientes al TODO, como se estableció en nuestra última lección. Entonces si el universo no es EL TODO, ha de ser nada -tal es la inevitable conclusión de la mente al primer pensamiento-. Pero esto no satisfará la pregunta, pues estamos persuadidos de la existencia del universo. Entonces si el universo no es ni EL TODO ni nada, ¿qué puede ser? Examinemos esta cuestión.

Si el universo existe en modo alguno, o parece existir, debe proceder de algún modo a partir del TODO debe ser una creación del TODO-. Pero puesto que algo nunca puede venir a partir de nada, ¿a partir de qué pudo haberlo creado EL TODO? Algunos filósofos han respondido a esta cuestión diciendo que EL TODO creó el universo a partir de Sí MISMO - esto es, a partir del ser y sustancia del TODO-. Pero esto no servirá, pues no puede sustraerse del TODO, ni puede éste ser dividido, como hemos visto, y entonces de nuevo si esto fuera así, no se apercibiría cada partícula en el universo de que fuese EL TODO. EL TODO no podría perder su conocimiento de sí mismo, ni CONVERTIRSE realmente en un átomo, o una fuerza ciega, o una cosa viviente vil. Algunos hombres, en verdad, realizando que EL TODO es en verdad TODO, y reconociendo también que ellos, los hombres, existían, han saltado a la conclusión de que ellos y EL TODO eran idénticos, y han llenado el aire con gritos de
«YO SOY DIOS», para diversión de la multitud y lamento de los sabios. La exclamación del corpúsculo de que: «¡Soy el hombre!» sería modesto en comparación.

Pero ¿qué es en verdad el universo, si no es EL TODO ni ha sido creado por EL TODO habiéndose separado en fragmentos? ¿Qué otra cosa puede ser, de qué otra cosa puede estar hecho? Ésta es la gran cuestión. Examinémosla cuidadosamente. Encontramos aquí que el «principio de correspondencia» (ver Capítulo 1) viene aquí en nuestra ayuda. El viejo axioma hermético, «Como es arriba es abajo», puede ser puesto en servicio en este punto. Tratemos de conseguir un vislumbre de los trabajos en planos superiores examinando aquéllos en el nuestro propio. El principio de correspondencia debe aplicarse a éste, así como a otros problemas.

¡Veamos! En su propio plano de existencia, ¿cómo crea el hombre? Bien, primero, puede crear haciendo algo a partir de materiales externos. Pero esto no servirá, pues no hay materiales fuera del TODO con los que pueda crear. Bien, entonces, en segundo lugar, el hombre pro-crea o reproduce su especie por el proceso de engendramiento, que es automultiplicación conseguida transfiriendo una porción de su sustancia a su retoño. Pero esto no bastará, porque EL TODO no puede transferir o sustraer una porción de sí mismo, ni puede reproducirse o multiplicarse -en el primer lugar habría una separación, y en el segundo caso una multiplicación o adición al TODO, siendo ambos pensamientos un absurdo-. No hay un tercer modo en que cree el HOMBRE? ¡Sí, lo hay; él CREA MENTALMENTE! Y al hacerlo así no utiliza ningunos materiales externos ni se reproduce a sí mismo, y sin embargo su espíritu compenetra la creación mental.

Siguiendo el principio de correspondencia, estamos justificados en considerar que EL TODO crea el universo MENTALMENTE, de una manera semejante al proceso por el que el hombre crea imágenes mentales. Y aquí es donde el dictamen de la razón concuerda con el dictamen de los iluminados, como se muestra por sus enseñanzas y escritos. Tales son las enseñanzas de los sabios. Tal fue la enseñanza de Hermes.

EL TODO no puede crear en ningún otro modo excepto mentalmente, sin usar material (y no hay ninguno que usar), o reproduciéndose a sí mismo (que es también imposible). No hay escape de esta conclusión de la razón, que, como hemos dicho, coincide con las más elevadas enseñanzas de los iluminados. Igual que tú, estudiante, puedes crear un universo propio en tu mentalidad, así crea EL TODO universos en su propia mentalidad. Pero tu universo es la creación mental de una mente finita, mientras que el del TODO es la creación de una infinita. Las dos son similares en clase, pero infinitamente diferentes en grado. Examinaremos más de cerca el proceso de creación y manifestación, conforme procedamos. Pero éste es el punto a fijar en vuestras mentes en esta etapa: EL UNIVERSO, Y TODO LO QUE CONTIENE, ES UNA CREACIÓN MENTAL DEL TODO. ¡Ciertamente, en verdad, TODO ES MENTE!

«EL TODO crea en su mente infinita innumerables universos, que existen por eones de tiempo; y sin embargo, para EL TODO, la creación, desarrollo, declinación y muerte de un millón de universos es como el tiempo del parpadeo de un ojo.»

El Kybalion.

«La mente infinita del TODO es la matriz de los universos.»

El Kybalion.

El principio de género (ver Capítulo 1 y otros que seguirán) está manifestado en todos los planos de la vida material, mental y espiritual. Pero como hemos dicho antes, «género» no significa «sexo» - el sexo es meramente una manifestación material del género-. «Género» significa «relativo a la generación o creación».Y donde quiera que algo se genera o crea, sobre cualquier plano, el principio de género debe estar manifestado. Y esto es verdad incluso en la creación de universos.

Ahora bien, no saltéis a la conclusión de que estamos enseñando que hay un dios, o creador, macho y hembra. Esa idea es meramente una distorsión de las antiguas enseñanzas sobre el tema. La verdadera enseñanza es que EL TODO, en sí mismo, está por encima del género, como está por encima de toda otra ley, incluyendo las del tiempo y el espacio. El es la ley, de donde proceden las leyes, y no está sujeto a ellas. Pero cuando EL TODO se manifiesta sobre el plano de generación o creación, entonces actúa de acuerdo a la ley y al principio, pues se está moviendo sobre un plano inferior de existencia. Y consecuentemente manifiesta el principio de género, en sus aspectos masculino y femenino, sobre el plano mental, desde luego.

Esta idea puede pareceres alarmante a algunos de vosotros que la oís por primera vez, pero todos la habéis realmente aceptado pasivamente en vuestras concepciones de cada día. Habláis de la paternidad de Dios, y la maternidad de la Naturaleza de Dios, el Padre Divino, y la Naturaleza la madre universal- y habéis, por tanto, reconocido instintivamente el principio de género en el universo. ¿No es así?

Pero la enseñanza hermética no implica una dualidad real -EL TODO es UNO-; los dos aspectos son meramente aspectos de manifestación. La enseñanza es que el principio masculino manifestado por EL TODO se halla, en un sentido, aparte de la creación mental real del universo. Proyecta su voluntad hacia el principio femenino (que puede ser llamado «Naturaleza»), a lo que el último comienza el verdadero trabajo de la evolución del universo, desde simples «centros de actividad» hasta el hombre, y después continuamente aún más arriba, todo de acuerdo con leyes de la Naturaleza bien establecidas y firmemente forzosas. Si preferís las viejas figuras de pensamiento, podéis pensar en el principio masculino como DIOS, el padre, y en el principio femenino como la NATURALEZA, la madre universal, de cuya matriz han nacido todas las cosas. Esto es más que una mera figura poética del habla; es una idea del proceso real de la creación del universo. Pero recordad siempre que EL TODO no es sino uno, y que en su mente infinita el universo es generado, creado y existe.

Puede ayudaros a obtener la idea apropiada, si queréis aplicar la ley de correspondencia a vosotros mismos y a vuestra propia mente. Sabéis que la parte de vosotros que llamáis «yo», en un sentido, se halla aparte y es testigo de la creación de imágenes mentales en vuestra propia mente. La parte de vuestra mente en la que se lleva a cabo la generación mental puede ser llamada el «mí», en distinción al «yo» que se halla aparte y presencia y examina los pensamientos, ideas e imágenes del «mí».

«Como es arriba, es abajo», recordad, y los fenómenos e un plano pueden ser empleados para solucionar las quisicosas de planos más altos o más bajos.

¿Es extraño que vosotros, niños, sintáis esa reverencia instintiva por EL TODO, sentimiento al que llamamos «religión», ese respeto y reverencia por EL PADRE MENTE? ¿Es extraño que, cuando consideráis los trabajos y maravillas de la Naturaleza, seáis abrumados por una poderosa sensación que tiene sus raíces abajo en vuestro ser más interno. Es la MADRE MENTE a la que estáis comprimiéndoos, como un bebé al pecho.

No cometáis el error de suponer que el pequeño mundo que veis, alrededor vuestro -la Tierra, que es un mero grano de polvo en el universo- es el universo mismo. Hay millones sobre millones de tales mundos, y mayores. Y hay millones de millones de tales universos en existencia dentro de la mente infinita del TODO. E incluso en nuestro propio pequeño sistema solar hay regiones y planos de vida mucho más elevados que los nuestros, y seres comparados con los cuales nosotros mortales ligados a la tierra somos como las legamosas formas de vida que habitan sobre el lecho del océano cuando se comparan con el hombre. Hay seres con poderes y atributos superiores a lo que el hombre haya soñado nunca que poseyeran los dioses. Y sin embargo estos seres fueron una vez como vosotros, y aun inferiores, y vosotros seréis igual que ellos, y aun superiores, con el tiempo, pues tal es el destino del hombre tal como es referido por los iluminados.

Y la muerte no es real, incluso en el sentido relativo -no es sino nacimiento a una nueva vida- e iréis adelante, y adelante, y adelante, a planos de vida superiores y más altos todavía, por eones sobre eones de tiempo. El universo es vuestro hogar, y exploraréis sus más alejados escondrijos antes del fin del tiempo. Estáis habitando en la mente infinita del TODO, y vuestras posibilidades y oportunidades son infinitas, tanto en tiempo como en espacio. Y al final del gran ciclo de eones, cuando EL TODO atraiga de vuelta hacia sí todas sus creaciones, pues entonces seréis capaces de conocer toda la verdad de ser uno con EL TODO. Tal es el dictamen de los iluminados -aquellos que han avanzado mucho a lo largo del sendero.

Y, mientras tanto, descansad caímos y serenos; estáis a salvo y protegidos por el poder infinito del PADRE-MENTE.

«Dentro del padre-madre mente, los niños mortales están en el hogar.»

El Kybalion.

«No hay ni uno sin padre ni madre en el universo.»

El Kybalion.

CAPÍTULO VI

LA
PARADOJA
DIVINA

«Los medio-sabios, reconociendo la irrealidad relativa del universo, imaginan que pueden desafiar sus leyes; tales son tontos vanos y presuntuosos, y se estrellan contra las rocas y son rotos en pedazos por los elementos en razón de su locura. Los verdaderamente sabios, conociendo la naturaleza del universo, usan la ley contra las leyes; lo superior contra lo inferior; y por el arte de la alquimia transmutan lo que es indeseable en lo que es apreciable, y así triunfan. La maestría no consiste en sueños anormales, visiones, e imaginaciones o vivencias fantásticas, sino en usar las fuerzas superiores contra las inferiores, escapando a los sufrimientos de los planos inferiores vibrando en los superiores. La transmutación, no la negación presuntuosa, es el arma del maestro.»

El Kybalion.

Ésta es la paradoja del universo, resultante del principio de polaridad que se manifiesta cuando EL TODO comienza a crear -atención a ella, pues señala la diferencia entre la media-sabiduría y la sabiduría-. Mientras que para EL TODO INFINITO, el universo, sus leyes, sus poderes, su vida, sus fenómenos, son como cosas observadas en el estado de meditación o sueño; sin embargo, para todo lo que es finito, el universo debe ser tratado como real, y la vida, y la acción, y el pensamiento, deben estar basados sobre ello, acordemente, aunque siempre con una comprensión de la verdad superior. Cada uno de acuerdo con su propio plano y leyes. Fuera EL TODO a imaginar que el universo fuese en verdad real, entonces pobre del universo, pues no habría entonces escape desde lo inferior a lo superior, en dirección hacia lo divino -entonces el universo se volvería fijo y el progreso se volvería imposible-. Y si el hombre, debido a la media-sabiduría, actúa y vive y piensa en el universo como meramente un sueño (semejante a sus propios sueños finitos) entonces en verdad que se convierte en eso para él, y como un sonámbulo tropieza siempre dando vueltas y vueltas en un círculo, no haciendo ningún progreso, y siendo forzado al final a un despertar al caer magullado y vertiendo sangre sobre las leyes naturales que ignoró. Mantened vuestra mente siempre en la estrella, pero dejad que vuestros ojos observen vuestras pisadas, no sea que caigáis en el cieno en razón de vuestra mirada dirigida hacia arriba. Recordad la paradoja divina, de que "entras que el universo NO ES, aún ES. Recordad siempre los dos polos de la verdad -el absoluto y el relativo-. Cuidado con las medias-verdades.

Lo que los hermetistas conocen como «la ley de la paradoja» es un aspecto del principio de polaridad. Los escritos herméticos están llenos con referencias a la aparición de la paradoja en la consideración de los problemas de la vida y el ser. Los instructores están advirtiendo constantemente a sus estudiantes contra el error de omitir el «otro lado» de cualquier cuestión. Y sus advertencias están dirigidas particularmente a los problemas de lo absoluto y lo relativo, que dejan perplejos a todos los estudiantes de filosofía, y que hacen a tantos pensar y actuar contrariamente a lo que se conoce generalmente como «sentido común». Y precavernos a todos los estudiantes que estén seguros de captar la paradoja divina de lo absoluto y relativo, no sea que se queden embrollados en el lodazal de la media-verdad. Esta lección particular ha sido escrita con esto a la vista. ¡Leedla cuidadosamente!

El primer pensamiento que le viene al hombre que piensa después de que realiza la verdad de que el universo es una creación mental del TODO, es que el universo y todo lo que contiene es una mera ilusión, una irrealidad, idea contra la que su instinto se rebela. Pero ésta, como todas las otras grandes verdades, debe ser considerada tanto desde el punto de vista absoluto como relativo. Desde el punto de vista absoluto, desde luego, el universo es de la naturaleza de una ilusión, un sueño, una fantasmagoría, cuando se compara con EL TODO en sí mismo. Reconocemos esto incluso en nuestro punto de vista ordinario, pues hablamos del mundo como «un fugaz espectáculo» que va y viene, nace y muere, pues el elemento de imperrnanencia y cambio, finitud e insustancialidad, debe estar siempre conectado con la idea de un universo creado cuando se contrasta con la idea del TODO, no importa cuáles puedan ser nuestras creencias concernientes a la naturaleza de ambos. Filósofo, metafísico, científico y teólogo coinciden todos sobre esta idea, y el pensamiento se encuentra en todas las clases de pensamiento filosófico y concepciones religiosas, así como en las teorías de las respectivas escuelas de metafísica y teología.

Así que las enseñanzas herméticas no predican la insustancialidad del universo en ninguno de los términos más fuertes que aquellos que os son más familiares, aunque su presentación del tema pueda parecer algo más sobrecogedora. Todo lo que tiene un conúenzo y un final debe ser, en un sentido, irreal y falso, y el universo cae bajo la regla, en todas las escuelas de pensarmento. Desde el punto de vista absoluto, no hay nada real excepto EL TODO, no importa qué términos podamos usar al pensar en o discutir el asunto. Sea que el universo esté creado de materia, o sea una creación mental en la mente del TODO, es insustancial, no duradero, una cosa de tiempo, espacio y cambio. Queremos que realicéis este hecho concienzudamente, antes de pasarle juicio a la concepción hermética de la naturaleza mental del universo. Pensad sobre cualquiera y todas de las otras concepciones, y ved si esto no es verdad de ellas.

Pero el punto de vista absoluto muestra meramente un lado del cuadro -el otro lado es el relativo-. La verdad absoluta ha sido definida como «las cosas tal como la mente de Dios las conoce», mientras que la verdad relativa es «las cosas tal como la razón más elevada del hombre las entiende». Y así mientras que para EL TODO el universo debe ser irreal e ilusorio, un mero sueño o el resultado de una meditacion; no obstante, para las mentes finitas que forman una parte de ese universo, y lo ven a través de facultades mortales, el universo es muy real en verdad, y debe ser considerado así. Al reconocer el punto de vista absoluto, no debemos cometer el error de ignorar o negar los hechos y fenómenos del universo tal como se presentan a nuestras facultades mortales -no somos EL TODO, recordad.

Para tomar ilustraciones familiares, todos reconocemos el hecho de que la materia «existe» para nuestros sentidos -lo pasaríamos mal si no lo hiciéramos-. Y sin embargo, incluso nuestras mentes finitas entienden el dicho científico de que no hay tal cosa como la materia desde un punto de vista científico; lo que llamamos materia se sostiene que es meramente una agregación de átomos, átomos que son en sí mismos meramente un agrupamiento de unidades de fuerza, llamadas electrones o «iones», vibrando y en constante moción circular. Golpeamos una piedra y sentimos el impacto; parece ser real, pese a que sabemos que es meramente lo que hemos establecido arriba. Pero recordad que nuestro pie, que siente el impacto por medio de nuestros cerebros, es igualmente materia, constituido por tanto de electrones, y en cuanto a eso también nuestros cerebros. Y, en el mejor de los casos, si no fuera por nuestra mente, no sabríamos del pie o de la piedra en absoluto.

Entonces de nuevo, el ideal del artista o escultor, que está tratando de reproducir en piedra o lienzo, le parece a él muy real. Igual lo hacen los caracteres en la mente del autor, o dramaturgo, que busca expresar de modo que otros puedan reconocerlos. Y si esto es verdad en el caso de nuestras mentes finitas, ¿cuál debe ser el grado de realidad en las imágenes mentales creadas en la mente del infinito? Oh, amigos, para los mortales este universo de mentalidad es muy real en verdad; es el único que podemos conocer nunca, aunque nos elevemos de plano a plano, cada vez más arriba en él. Para conocerlo de otro modo, por verdadera experiencia, tenemos que ser EL TODO "sino. Es verdad que cuanto más alto nos elevemos en la escala -cuanto más cerca nos llegamos de «la mente del padre» más evidente se vuelve la naturaleza ilusoria de las cosas finitas, pero la visión no se desvanece realmente hasta que EL TODO nos absorbe finalmente hacia sí.

Así que no necesitamos detenernos sobre el carácter de ilusión. Más bien, reconociendo la naturaleza real del universo, busquemos entender sus leyes mentales, y esforcémonos por usarlas hasta su mejor efecto en nuestro progreso hacia arriba a través de la vida, conforme viajamos de plano a plano de existencia. Las leyes del universo no son menos «leyes de hierro» por su naturaleza mental. Todo, excepto EL TODO, está atado por ellas. Lo que hay EN LA MENTE INFINITA DEL TODO es REAL en un grado segundo sólo a esa realidad misma que está investido en la naturaleza del TODO.

Así que no os sintáis inseguros o temerosos, estamos SOSTENIDOS FIRMEMENTE EN LA MENTE INFINITA DEL TODO, y no hay nada que nos hiera o que hayamos de temer. No hay ningún poder fuera del TODO para afectarnos. Así que debemos descansar calmos y seguros. Entonces «calmos y apaciblemente dormimos, mecidos en la cuna de lo profundo», reposando a salvo en el seno del océano de mente infinita, que es EL TODO. En EL TODO, en verdad, «vivimos y nos movemos y tenemos nuestro ser».

La materia es de todos modos materia para nosotros, mientras habitamos en el plano de la materia, aunque sabemos que es meramente una agregación de «electrones», o partículas de fuerza, vibrando rápidamente y girando una alrededor de la otra en las formaciones de los átomos; los átomos a su vez vibrando y girando, formando moléculas, las cuales a su vez forman masas mayores de materia. No se vuelve la materia menos materia cuando seguimos la pesquisa aún más lejos, y aprendemos de las enseñanzas herméticas que la «fuerza» de la que los electrones no son sino unidades es meramente una manifestación de la mente del TODO, y como todo lo demás en el universo es puramente mental en su naturaleza. Mientras estemos en el plano de la materia, debemos reconocer sus fenómenos; podemos controlar la materia (como lo hacen todos los maestros de mayor o menor grado), pero lo hacemos así aplicando las fuerzas superiores. Cometemos una insensatez cuando intentamos negar la existencia de la materia en el aspecto relativo. Podemos negar su dominio sobre nosotros -y eso correctamente-, pero no deberíamos intentar ignorarla en su aspecto relativo, al menos mientras residamos sobre su plano.

Ni se vuelven las leyes de la Naturaleza menos constantes o efectivas cuando sabemos, igualmente, que son meramente creaciones mentales. Ellas tienen pleno efecto en los diversos planos. Superamos las leyes inferiores, aplicando unas aún superiores -y sólo de este modo-. Pero no podemos escapar a la ley o elevarnos por encima de ella enteramente. Nada sino EL TODO puede escapar a la ley -y eso porque EL TODO es la LEY en sí, de donde emergen todas las leyes-. Los maestros más avanzados pueden adquirir los poderes usualmente atribuidos a los dioses de los hombres; y hay incontables rangos de ser, en la gran jerarquía de la vida, cuyo ser y poder trasciende incluso de los más elevados maestros entre los hombres hasta un grado impensable por los mortales, pero incluso el más elevado maestro, y el más elevado ser, deben inclinarse ante la ley, y ser como nada ante el ojo del TODO. Así que si incluso estos seres los más elevados, cuyos poderes exceden incluso aquellos atribuidos por los hombres a sus dioses; si incluso éstos están ligados y subordinados a la ley, imaginad entonces la presunción del hombre mortal, de nuestra raza y grado, cuando osa considerar las leyes de la Naturaleza como «irreales», visionarias e ilusorias, porque resulta ser capaz de captar la verdad de que las leyes son mentales en naturaleza, y simplemente creaciones mentales del TODO. Esas leyes que EL TODO pretende que sean leyes gobernantes no han de ser desafiadas o argüidas. Mientras el universo dure, ellas durarán, pues el universo existe por virtud de estas leyes que forman su armazón y lo mantienen junto.

El principio hermético de mentalismo, mientras que explica la verdadera naturaleza del universo sobre el principio de que todo es mental, no cambia las concepciones científicas del universo, la vida o la evolución. De hecho, la ciencia meramente corrobora las enseñanzas herméticas. Las últimas meramente enseñan que la naturaleza del universo es «mental», mientras que la ciencia moderna ha enseñado que es «material»; o (últimamente) que es «energía» en el último análisis. Las enseñanzas herméticas no tienen ningún fallo que encontrar en el principio básico de Herbert Spencer que postula la existencia de una «energía infinita y eterna, de donde proceden todas las cosas». De hecho, los herméticos reconocen en la filosofía de Spencer la más elevada afirmación externa del funcionamiento de las leyes naturales que haya sido nunca promulgada, y creen que Spencer ha sido una reencarnación de un antiguo filósofo que residió en el antiguo Egipto hace miles de años, y que posteriormente encarnó como Heráclito, el filósofo griego que vivió en el 500 a. de J. C. Y consideran su afinnación de la «energía infinita y eterna» como directamente en la línea de las enseñanzas herméticas, siempre con la adición de su propia doctrina de que su «energía» es la energía de la mente del TODO. Con la llave maestra de la filosofía hermética, el estudiante de Spencer será capaz de abrir las muchas puertas de las concepciones filosóficas internas del gran filósofo inglés, cuya obra muestra los resultados de la preparación de sus encarnaciones anteriores. Sus enseñanzas concernientes a la evolución y el ritmo están casi en perfecto acuerdo con las enseñanzas herméticas concernientes al principio de ritmo.

Así que el estudiante de las enseñanzas herméticas no necesita dejar a un lado ninguna de sus acariciadas visiones científicas concernientes al universo. Todo lo que se le pide hacer es captar el principio subyacente de que «EL TODO es mente; el universo es mental, sostenido en la mente del TODO». Encontrará que los otros seis de los siete principios se «ajustarán» en su conocimiento científico, y servirán para extraer puntos oscuros y arrojar luz en rincones sombríos. Esto no ha de extrañarnos, cuando realizamos la influencia del pensamiento hermético en los primitivos filósofos de Grecia, sobre cuyos fundamentos de pensamiento descansan ampliamente las teorías de la ciencia moderna. La aceptación del primer principio hermético (rnentalismo) es el único gran punto de diferencia entre la ciencia moderna y los estudiantes herméticos, y la ciencia está moviéndose gradualmente hacia la posición hermética en su tantear en la oscuridad por una vía de salida del laberinto en el que ha vagado en su búsqueda por la realidad.

El propósito de esta lección es imprimir sobre las mentes de nuestros estudiantes el hecho de que, para todas las intenciones y propósitos, el universo y sus leyes, y sus fenómenos, son tan REALES, hasta donde el hombre está concernido, como lo serían bajo las hipótesis del materialismo o el energismo. Bajo cualquier hipótesis el universo en su aspecto externo es cambiante, siempre fluyente y transitorio -y por consiguiente, vacío de sustancialidad y realidad-. Pero (notad el otro polo de la verdad) bajo cualquiera de las mismas hipótesis, estarnos compelidos a ACTUAR Y VIVIR como si las cosas fugaces fuesen reales y sustanciales. Con esta diferencia, siempre, entre las diversas hipótesis que bajo las viejas visiones el plano mental era ignorado como una fuerza natural, mientras que bajo el mentalismo se convierte en la fuerza natural más grande. Y esta única diferencia revoluciona la vida, a aquellos que entienden el principio y sus leyes y práctica resultantes.

Así que, finalmente, estudiantes todos, captad la ventaja del mentalismo, y aprended a conocer, usar y aplicar las leyes que resultan de él. Pero no os rindáis a la tentación que, como establece *El Kybalion*, sobreviene a los medio-sabios y les hace ser hipnotizados por la aparente irrealidad de las cosas, siendo la consecuencia que vagan como gente de sueños habitando en un mundo de sueños, ignorando el trabajo práctico y la vida del hombre, siendo el fin que «se estrellan contra las rocas y son rotos en pedazos por los elementos, en razón de su locura». Seguid más bien el ejemplo de los sabios, de los que la misma autoridad establece que «usan la ley contra las leyes; lo superior contra lo inferior; y por el arte de la alquimia transmutan lo que es indeseable en lo que es apreciable, y así triunfan». Siguiendo a la autoridad, evitemos la media-sabiduría (que es locura) que ignora la verdad de que: «La maestría no consiste en sueños anormales, visiones e imaginaciones o vivencias fantásticas, sino en usar las fuerzas superiores contra las inferiores, escapando a los sufrimientos de los planos inferiores vibrando en los superiores.» Recuerda siempre, estudiante, que «la mutación, no la negación presuntuosa, es el arma del maestro». Las acotaciones de arriba son de *El Kybalion*, y son merecedoras de ser confiadas a la memoria por el estudiante.

No vivimos en un mundo de sueños, sino en un universo que, mientras que relativo, es real hasta donde nuestras vidas y acciones están concemidas. Nuestra ocupación en el universo no es negar su existencia, sino VIVIR, usando las leyes para elevarnos de lo inferior a lo superior -continuar viviendo, haciéndolo lo mejor que podemos bajo las circunstancias que surgen cada día, y viviendo, hasta donde es posible, conforme a nuestras ideas e ideales más elevados. El verdadero significado de la vida no es conocido por los hombres en este plano -si es que, en verdad, en alguno-, pero las más elevadas autoridades, y nuestras propias intuiciones, nos enseñan que no cometeremos ningún error al vivir conforme a lo mejor que hay en nosotros, hasta donde es posible, y realizando la tendencia universal en la misma dirección, a pesar de aparentes evidencias de lo contrario. Estamos todos en el sendero -y la ruta conduce siempre hacia arriba, con frecuentes lugares de descanso.

Leed el mensaje de *El Kybalion* -y seguid el ejemplo de «los sabios»- evitando el error de los «medio- sabios» que perecen por razón de su locura.

CAPÍTULO VII

«EL TODO» EN TODO

«Mientras que todo está en EL TODO, es igualmente cierto que EL TODO está en todo. Para aquel que verdaderamente entiende esta verdad le ha venido un gran conocimiento.»

El Kybalion.

¿Cuán a menudo ha escuchado repetida la mayoría de la gente la afirmación de que su deidad (llamada por muchos nombres) era «todo en todo», y cuán poco han sospechado la verdad oculta interna escondida por estas palabras descuidadamente pronunciadas? La expresión comúnmente usada es una supervivencia de la antigua máxima hermética acotada arriba. Como dice El Kybalion: «Para aquel que verdaderamente entiende esta verdad, le ha venido un gran conocimiento.» Y siendo esto así, busquemos esta verdad, cuya comprensión tanto significa. En esta afirmación de la verdad -esta máxima hermética-está escondida una de las más grandes verdades: filosóficas, científicas y religiosas.

Os hemos dado la enseñanza hermética concerniente a la naturaleza mental del universo -la verdad de que «el universo es mental, sostenido en la mente del TODO»-. Como dice El Kybalion, en el pasaje arriba acotado: «Todo está en EL TODO.» Pero notad también la afirmación correlacionada de que: «Es igualmente cierto que EL TODO está en todo.» Esta afirmación aparentemente contradictoria es reconciliable bajo la ley de la paradoja. Es, más aún, una afirmación hermética exacta de las relaciones existentes entre EL TODO y su universo mental. Hemos visto cómo «todo está en EL TODO»; examinemos ahora el otro aspecto del asunto.

Las enseñanzas herméticas son que EL TODO es inmanente («permaneciendo dentro; inherente; residiendo dentro») en su universo, y en toda parte, partícula, unidad o combinación, dentro del universo. Esta afirmación es ilustrada usualmente por los instructores por una referencia al principio de correspondencia. El instructor instruye al estudiante para que forme una imagen mental de algo, una persona, una idea; algo que tenga una forma mental, siendo el ejemplo favorito el del autor o dramaturgo que se forma una idea de sus caracteres; o un pintor o escultor que se fonna una imagen de un ideal que desea expresar por su arte. En cada caso, el estudiante encontrará que mientras que la imagen tiene su existencia, y ser, únicamente dentro de su propia mente, sin embargo él, el estudiante, autor, dramaturgo, pintor o escultor, es también, en un sentido, inmanente en, permanece dentro o reside dentro de la imagen mental. En otras palabras, la virtud entera, vida, espíritu de realidad en la imagen mental se deriva de la «mente inmanente» del pensador, Considerad esto por un momento, hasta que se capte la idea.

Para tomar un ejemplo moderno, digamos que Otelo, Yago, Hamlet, Lear, Ricardo II, existieron meramente en la mente de Shakespeare, en el tiempo de su concepción o creación. Y sin embargo, Shakespeare también existía dentro de cada uno de estos caracteres, dándoles su vitalidad, espíritu y acción. ¿De quién es el «espíritu» de los caracteres que conocemos como Micawber, Oliver Twist, Uriah Heep; es Dickens, o tiene cada uno de estos caracteres un espíritu personal, independiente de su creador? ¿Tienen la Venus de Medici, la Madonna Sixtina, el Apolo de Belvedere, espíritus y realidad propios, o representan el poder espiritual y mental de sus creadores? La ley de la paradoja explica que ambas proposiciones son ciertas, vistas desde los puntos de vista apropiados. Micawber es tanto Micawber como sin embargo Dickens. Y, de nuevo, mientras que puede decirse que Micawber es Dickens, sin embargo Dickens no es idéntico con Micawber. El hombre, como Micawber, puede exclamar: «El espíritu de mi creador es inherente dentro de mí, ¡y sin embargo yo no soy EL!». Cuán diferente esto de la conmocionante media-verdad tan vociferantemente anunciada por algunos de los medio-sabios, que llenan el aire con sus raucos gritos de: «¡Yo soy Dios!» Imaginad al pobre Micawber, o al vil Uriah Heep, gritando: «Soy Dickens», o a alguno de los ruines zoquetes en uno de los dramas de Shakespeare, anunciando grandilocuentemente que: «¡Soy Shakespeare!» EL TODO está en el gusano de tierra, y sin embargo el gusano de tierra está lejos de ser EL TODO. Y sin embargo permanece la maravilla de que aunque el gusano de tierra existe meramente como una cosa ruin, creada y teniendo su ser solamente dentro de la mente del TODO, sin embargo EL TODO es inmanente en el gusano de tierra, y en las partículas que constituyen el gusano de tierra. ¿Puede haber algún misterio mayor que éste de «todo en EL TODO, y EL TODO en todo»?

El estudiante realizará, desde luego, que las ilustraciones dadas arriba son necesariamente imperfectas e inadecuadas, pues representan la creación de imágenes mentales en mentes finitas, mientras que el universo es una creación de la mente infinita, y la diferencia entre los dos polos les separa. Y sin embargo ésta es meramente una cuestión de grado -el mismo principio está en operación-; el principio de correspondencia se manifiesta en cada uno - «Como es arriba, es abajo; como es abajo, es arriba». Y en el grado en que el hombre realice la existencia del espíritu interno inmanente dentro de su ser, así se elevará en la escala espiritual de la vida.   Esto es lo que significa el desarrollo espiritual: el reconocimiento, la realización y la manifestación del espíritu dentro de nosotros. Tratad de recordar esta última definición, la del desarrollo espiritual. Contiene la verdad de la verdadera religión.

Hay muchos planos de ser, muchos subplanos de vida, muchos grados de existencia en el universo. Y todo depende del avance de los seres en la escala, de cuya escala el punto más bajo es la materia más grosera, estando el más elevado separado únicamente por la más fina división del ESPÍRITU de EL TODO. Y, hacia arriba y hacia adelante a lo largo de esta escala de la vida, todo se está moviendo. Todos están sobre el sendero, cuyo final es EL TODO. Todo progreso es un retomar al hogar. Todo va hacia arriba y hacia adelante, a pesar de todas las apariencias al parecer contradictorias. Tal es el mensaje de los iluminados.

Las enseñanzas herméticas concemientes al proceso de la creación mental del universo son las de que al comienzo del ciclo creativo EL TODO, en su aspecto de «ser», proyecta su voluntad hacia su aspecto de «devenir», y el proceso de creación comienza.   Se enseña que el proceso consiste en   el rebajamiento de la vibración hasta que se alcanza un grado bajísimo de energía vibratorio, en cuyo punto se manifiesta la forma de materia más grosera posible. Este proceso es llamado la etapa de involución, en el que EL TODO se «envuelve» o «arropa» en su creación. Este proceso se cree por los hermetistas que tiene una correspondencia con el proceso mental de un artista, escritor o inventor, que se arropa de tal modo en su creacion mental que casi olvida su propia existencia y el cual, por el tiempo dado, casi «vive en su creación». Si en vez de «arropado» usamos la palabra «arrebatado», quizá daremos una mejor idea de lo que se quiere dar a entender.

Esta etapa involuntaria de creación es llamada a veces la «efusión» de la energía divina, igual que el estado evolutivo es llamado la «absorción». El polo extremo del proceso creativo se considera que es el más apartado del TODO, mientras que el conúenzo de la etapa evolutiva se considera como el comienzo de la oscilación de retomo del péndulo del ritmo -una idea de «volver al hogar» sostenida en todas las enseñanzas herméticas-.

Las enseñanzas son que durante la «efusión», las vibraciones se vuelven cada vez más bajas hasta que finalmente el impulso cesa y comienza la oscilación de retomo. Pero hay esta diferencia, que mientras que en la «efusión» las fuerzas creativas se manifiestan compactamente y como un conjunto, sin embargo desde el comienzo de la etapa evolutiva o de «absorción», se manifiesta la ley de individualización -esto es, la tendencia a separarse en unidades de fuerza-, de modo que finalmente aquello que abandonó al TODO como energía individualizada retorna a su fuente como incontables unidades de vida altamente desarrolladas, habiéndose elevado cada vez más alto en la escala por medio de la evolución física, mental y espiritual.

Los antiguos hermetistas usan la palabra «meditación» al describir el proceso de la creación mental del universo en la mente del TODO, siendo empleada también frecuentemente la palabra «contemplación». Pero la idea pretendida parece ser la del empleo de la atención divina. «Atención» es una palabra derivada de una raíz latina, que significa «extenderse, estirarse», y así el acto de atención es realmente una «extensión» mental de energía mental, de modo que la idea subyacente es atendida fácilmente cuando examinamos el significado real de la «atención».

Las enseñanzas herméticas concernientes al proceso de evolución son que EL TODO, habiendo meditado sobre el comienzo de la creación, habiendo establecido así los fundamentos materiales del universo, habiéndolo pensado a la existencia, entonces gradualmente se despierta o levanta de su meditación y al hacerlo así comienza la manifestación del proceso de evolución, sobre los planos material, mental y espiritual, sucesivamente y en orden. Así comienza el movimiento hacia arriba, y todo empieza a moverse en dirección hacia el espíritu. La materia se vuelve menos grosera; las unidades brotan al ser; las combinaciones empiezan a formarse; la vida aparece y se manifiesta en formas cada vez más elevadas, y la mente se vuelve cada vez más en evidencia, volviéndose más elevadas constantemente las vibraciones. En breve, el proceso entero de evolución, en todas sus fases, comienza, y procede de acuerdo con las leyes establecidas del proceso de «absorción». Todo esto ocupa eones sobre eones del tiempo del hombre, conteniendo cada eón incontable millones de años, y sin embargo los iluminados nos informan que la creación entera, incluyendo involución y evolución, de un universo, no es sino «como el parpadeo de un ojo» para EL TODO. Al final de incontables ciclos de eones de tiempo, EL TODO retira su atención -su contemplación y meditación- del universo, pues la gran obra está acabada, y todo es atraído adentro del TODO de donde emergió. Pero misterio de misterios -el espíritu de cada alma no es aniquilado, sino que es infinitamente expansionado-, el creado y el creador se funden. ¡Tal es el dictamen de los iluminados!

La ilustración de arriba de la «meditación», y subsiguiente «despertar de la meditación», del TODO, no es desde luego sino un intento de los instructores por describir el proceso infinito por un ejemplo finito. Y, sin embargo: «Como es abajo, es arriba.» La diferencia es meramente en grado. Y así como EL TODO se levanta de la meditación sobre el universo, así el hombre (con el tiempo) cesa de manifestarse sobre el plano material, y se retira cada vez más adentro del espíritu interno, que es en verdad «el ego divino».

Hay una cuestión más de la que deseamos hablar en esta lección, y ésa viene muy cerca de una invasión del área metafísica de especulación, aunque nuestro propósito es meramente mostrar la futilidad de tal especulación. Aludimos a la cuestión que inevitablemente viene a la mente de todos los pensadores que se han aventurado a buscar la verdad. La cuestión es: «¿POR QUÉ crea universos EL TODO?» La cuestión puede ser preguntado en formas diferentes, pero la de arriba es el grano de la encuesta.

Los hombres se han esforzado duramente por responder a esta pregunta, pero aún no hay ninguna respuesta digna del nombre. Algunos han imaginado que EL TODO tenía algo que ganar con ello, pero esto es absurdo, pues ¿qué podría ganar EL TODO que no poseyera ya? Otros han buscado la respuesta en la idea de que EL TODO «deseaba algo que amar»; y otros que creó por placer o entretenimiento; o porque «estaba solo»; o para manifestar su poder; todas ellas explicaciones e ideas pueriles, pertenecientes al período infantil del pensamiento.

Otros han buscado explicar el misterio asunúendo que EL TODO se encontró «compelido» a crear, en razón de su propia «naturaleza interna» -su «instinto creativo»-. Esta idea está más avanzada que las otras, pero su punto débil recae en la idea de que EL TODO sea «compelido» por algo, interno o externo. Si su «naturaleza interna», o «instinto creativo», lo compelió a hacer algo, entonces la «naturaleza interna» o «instinto creativo» sería el absoluto, en vez del TODO, y por tanto acordemente esa parte de la proposición cae. Y, sin embargo, EL TODO crea y manifiesta, y parece encontrar alguna clase de satisfacción en hacerlo así. Y es difícil escapar a la conclusión de que en algún grado infinito debe tener lo que correspondería a una «naturaleza interna», o a un «instinto creativo», en el hombre, con deseo y voluntad correspondientemente infinitos. No podría actuar a no ser que quisiera actuar; y no querría actuar a no ser que desease actuar; y no desearía actuar a no ser que obtuviese alguna satisfacción por ello. Y todas estas cosas pertenecerían a una «naturaleza interna», y podrían ser postuladas como existiendo de acuerdo con la ley de correspondencia. Pero aún preferimos pensar en EL TODO como actuando enteramente LIBRE de cualquier influencia, interna tanto como externa. Ése es el problema que yace en la raíz de la dificultad -y la dificultad yace en la raíz del problema.

Hablando estrictamente, no podría decirse que hubiese una «razón» cualquiera para que actuase EL TODO, pues una «razón» implica una «causa», y EL TODO está por encima de causa y efecto, excepto cuando quiere convertirse en causa, en cuyo momento el principio se pone en movimiento. Así que, veis, la materia es impensable, igual que EL TODO es incognoscible. Igual que decimos que EL TODO meramente «ES», así estamos compelidos a decir que «EL TODO ACTÚA PORQUE ACTUA». Al final de todo, EL TODO es toda razón en sí mismo; toda ley en sí mismo; toda acción en sí mismo; y puede decirse, de modo plenamente cierto, que EL TODO es su propia razón, su propia ley, su propio acto; o aún más lejos, que EL TODO, su razón, su acto, su ley son UNO, siendo todos nombres para la misma cosa. En la opinión de aquellos que os están dando las lecciones presentes, la respuesta está encerrada en el SER INTERNO del TODO, junto con su secreto de existencia. La ley de correspondencia, en nuestra opinión, se extiende sólo hasta ese aspecto del TODO, del que puede hablarse como «el aspecto de DEVENIR». Detrás de ese aspecto está «el aspecto de SER», en el que todas las leyes se pierden en LEY-, todos los principios se funden en PRINCIPIO, y EL TODO, PRINCIPIO y SER, son IDÉNTICOS, UNO Y LO MISMO. Por consiguiente, la especulación metafísica sobre este punto es fútil. Entramos aquí en la cuestión meramente para mostrar que reconocemos la pregunta, y también el absurdo de las respuestas ordinarias de la metafísica y la teología.

En conclusión, puede ser de interés para nuestros estudiantes saber que mientras que algunos de los instructores herméticos, antiguos y modernos, se han inclinado más bien en la dirección de aplicar el principio de correspondencia a la cuestión, con el resultado de la conclusión de la «naturaleza interna»; sin embargo, las leyendas dicen que HERMES el Grande cuando se le preguntó esta cuestión por sus estudiantes avanzados, les respondió PRESIONANDO SUS LABIOS FIRMEMENTE JUNTOS y no diciendo una palabra, indicando que NO HABÍA RESPUESTA. Pero también podía haber pretendido aplicar el axioma de su filosofía, de que: «Los labios de la sabiduría están cerrados, excepto para los oídos del entendimiento», creyendo que incluso sus estudiantes avanzados no poseían el entendimiento que les titulaba para la enseñanza. En cualquier caso, si Hermes poseyó el secreto, dejó de impartirlo, y hasta donde el mundo está concedido LOS LABIOS DE HERMES ESTÁN CERRADOS respecto a él. Y donde el gran Hermes vaciló en hablar, ¿qué mortal puede osar enseñar?

Pero recordad que cualquiera que sea la respuesta a este problema -si es que en verdad hay una respuesta- permanece la verdad de que: «Mientras que todo está en EL TODO, es igualmente cierto que EL TODO está en todo.» La enseñanza en este punto es enfática. Y podemos añadir las palabras concluyentes de la acotación: «Para aquel que verdaderamente entiende esta verdad, le ha venido un gran conocimiento.»

CAPÍTULO VIII

LOS PLANOS DE CORRESPONDENCIA

«Como es arriba, es abajo; como es abajo, es arriba.»

El Kybalion.

El gran segundo principio hermético incorpora la verdad de que hay una armonía, acuerdo y correspondencia entre los varios planos de manifestación, vida y ser. Esta verdad es una verdad porque todo lo que está incluido en el universo emana de la misma fuente, y las mismas leyes, principios y características se aplican a cada unidad o combinación de unidades de actividad, conforme cada una manifiesta sus propios fenómenos sobre su propio plano.

Para los fines de la conveniencia del pensamiento y estudio, la filosofía hermética considera que el universo puede ser dividido en tres grandes clases de fenómenos, conocidos como los tres grandes planos, a saber:

I.   El gran plano físico.
II.   El gran plano mental.
III.   El gran plano espiritual.

Estas divisiones son más o menos artificiales y arbitrarias, pues la verdad es que todas las tres divisiones no son sino grados ascendentes de la gran escala de la vida, cuyo punto más bajo es materia indiferenciado, y el punto más elevado el del espíritu. Y, más aún, los diferentes planos se solapan uno al otro, de modo que no puede hacerse ninguna división clara y cortante entre los fenómenos superiores del físico y los inferiores del mental, o entre los superiores del mental y los inferiores del espiritual.

En breve, los tres grandes planos pueden ser considerados como los tres grandes grupos de grados de manifestación de la vida. Mientras que los fines de este librito no nos permiten entrar en una discusión exten'bdida o explicación del tema de estos diferentes planos, creemos de todos modos conveniente dar una descripción general del mismo en este punto.

Al comienzo podemos bien considerar la cuestión tan a menudo preguntado por el neófito que desea ser informado concemiente al significado de la palabra «plano», término que ha sido usado muy libremente, y muy pobremente explicado, en muchas obras recientes sobre el tema del ocultismo. La pregunta es generalmente como sigue: «¿Es un plano un lugar que tiene dimensiones, o es meramente una condición o estado?» Nosotros respondemos: «No, no un lugar, ni una dimensión ordinaria del espacio, y sin embargo más que un estado o condición, y sin embargo el estado o condición en un grado de dimensión, en una escala sujeta a medida.» Algo paradójico, ¿no es así?   Pero examinemos   la cuestión. Una «dimensión», sabéis, es «una medida en una línea recta, relativo a la medida», etc. Las dimensiones ordinarias del espacio son longitud, anchura y altura, o quizá longitud, anchura, altura, grosor o circunferencia. Pero hay otra dimensión de «cosas creadas», o «medida en línea recta», conocida por los ocultistas, y por los científicos también, aunque los últimos no la han aplicado todavía el término «dimensión» -y esta nueva dimensión, que, de paso, es la «cuarta dimensión» sobre la que mucho se ha especulado, es la norma usada al determinar los grados o «planos».

Esta cuarta dimensión puede ser llamada «la dimensión de la vibración». Es un hecho bien conocido por la ciencia moderna, así como de los hermetistas que han incorporado la verdad, en su «tercer principio hermético», que «todo está en movimiento, todo vibra, nada está en reposo». Desde la más elevada manifestación, hasta la inferior, todo y todas las cosas vibran. No sólo vibran en diferentes grados de movimiento, sino como en direcciones diferentes y en una manera diferente. Los grados de la «frecuencia» de las vibraciones constituyen los grados de medida en la escala de vibraciones; en otras palabras, los grados de la cuarta dimensión-. Y estos grados forman lo que los ocultistas llaman «planos». Cuanto más elevado el grado de frecuencia de vibración, más elevado el plano y más elevada la manifestación de la vida que ocupa ese lugar. Así que mientras que un plano no es «un lugar», ni siquiera «un estado o condición», sin embargo posee cualidades comunes a ambos. Tendremos más que decir concerniente al tema de la escala de vibraciones en nuestras próximas lecciones, en las que consideraremos el principio hermético de vibración.

Recordaréis, por favor, sin embargo, que los tres grandes planos no son divisiones reales de los fenómenos del universo, sino meramente términos arbitrarios usados por los hermetistas a fin de ayudar en el pensamiento y estudio de los diversos grados y formas de actividad y vida universales. El átomo de materia, la unidad de fuerza, la mente del hombre y el ser del arcángel no son todos sino grados en una escala, y todos fundamentalmente lo mismo, siendo la diferencia   entremedias únicamente una cuestión de grado y de frecuencia de vibración; todos son creaciones del TODO, y tienen su existencia únicamente dentro de la mente infinita del TODO.

Los hermetistas subdividen cada uno de los tres grandes planos en siete planos menores, y cada uno de estos últimos son subdivididos también en siete subplanos, siendo todas las divisiones más o menos arbitrarias, solapándose una a otra, y adoptadas meramente por conveniencia de estudio y pensamiento científico.

El gran plano físico, y sus siete planos menores, es esa división de los fenómenos del universo que incluye todo lo que se relaciona con la física o las cosas, fuerzas y manifestaciones materiales. Incluye todas las formas de eso que llamamos materia, y todas las formas de eso que llamamos energía o fuerza. Pero debéis recordar que la filosofía hermética no reconoce la materia como una «cosa en sí», o como teniendo una existencia separada siquiera en la mente del TODO. Las enseñanzas son que la materia no es sino una forma de energía; esto es, energía a una frecuencia baja de vibraciones de una cierta clase. Y de acuerdo con esto los hermetistas clasifican la materia bajo el encabezamiento de la energía, y la dan tres de los siete planos menores del gran plano físico.

Estos siete planos físicos menores son como sigue:

I.   El plano de materia (A).
II.   El plano de materia (B).
III.   El plano de materia (C).
IV.   El plano de sustancia etérea.
V.   El plano de energía (A).
VI.   El plano de energía (B).
VII.   El plano de energía (C).

El plano de materia (A) comprende las formas de materia en su forma de sólidos, líquidos y gases, tal como se reconocen generalmente por los libros de texto sobre física. El plano de materia (B) comprende ciertas formas de materia más elevadas y sutiles cuya existencia la ciencia moderna no está sino reconociendo ahora, perteneciendo los fenómenos de la materia radiante, en sus fases de radium, etc., a la subdivisión inferior de este plano menor. El plano de materia (C) comprende las formas de la materia más sutil y tenue, cuya existencia no es sospechada por los científicos ordinarios. El plano de sustancia etérea comprende eso de lo que la ciencia habla como «el éter», una sustancia de extrema tenuidad y elasticidad, compenetrando todo el espacio universal, y actuando como un medio para la transmisión de ondas de energía, tales como luz, calor, electricidad, etc. Esta sustancia etérea forma un vínculo conector entre la materia (así llamada) y la energía, y participa de la naturaleza de cada una. Las enseñanzas herméticas, sin embargo, instruyen que este plano tiene siete subdivisiones (como las tienen todos los planos menores), y que de hecho hay siete éteres, en vez de uno solo.

El siguiente por encima del plano de sustancia etérea es el plano de energía (A), que comprende las formas ordinarias de energía conocidas a la ciencia, siendo sus siete subplanos, respectivamente calor, luz, magnetismo, electricidad y atracción (incluyendo gravitación, cohesión, afinidad química, etc.) y varias otras formas de energía indicadas por los experimentos científicos pero aún no nombradas o clasificadas. El plano de energía (B) comprende siete subplanos de fortnas superiores de energía aún no descubiertas por la ciencia, pero que han sido llamadas «las fuerzas más finas de la naturaleza» y que son puestas en operación en las manifestaciones de ciertas formas de fenómenos mentales, y por las que tales fenómenos se vuelven posibles. El plano de energía (C) comprende siete subplanos de energía tan altamente organizada que lleva muchas de las características de la «vida», pero que no es reconocida por las mentes de los hombres en el plano ordinario de desarrollo, estando disponible para el uso sólo de seres del plano espiritual; tal energía es impensable por el hombre ordinario, y puede ser considerada casi como «el poder divino». Los seres que la emplean son como «dioses» comparados incluso con los tipos humanos más elevados que nos son conocidos.

El gran plano mental comprende esas fonnas de «cosas vivientes» conocidas por nosotros en la vida ordinaria, así como ciertas otras formas no tan bien conocidas excepto por el ocultista. La clasificación de los siete planos mentales menores es mas o menos satisfactoria y arbitraria (a no ser que vaya acompañada por explicaciones que son ajenas al propósito de esta obra particular), pero podemos bien mencionarlos. Son como sigue:

I.   El plano de mente mineral.
II-   El plano de mente elemental (A).
III.   El plano de mente de planta.
IV.   El plano de mente elemental (B).
V.   El plano de mente animal.
VI.   El plano de mente elemental (C).
VII.   El plano de mente humana.

El plano de mente mineral comprende los «estados o condiciones» de las unidades o entidades o grupos y combinaciones del mismo, animan las formas conocidas nosotros como «minerales, sustancias químicas, etc.». Estas entidades no deben ser confundidas con las moléculas, átomos y corpúsculos mismos, siendo los últimos los cuerpos o formas materiales de estas entidades, igual que el cuerpo de un hombre no es sino su forma material y no «él mismo». Estas entidades pueden ser llamadas «almas» en un sentido, y son seres vivientes de un bajo grado de desarrollo, vida y mente; justo un poco más que las unidades de «energía viviente» que comprenden las subdivisiones supenores del plano físico más elevado. La mente corriente no atribuye generalmente la posesión de mente, alma o vida al reino raineral, pero todos los ocultistas reconocen la existencia de la misma, y la ciencia moderna está moviéndose rápidamente hacia adelante, hacia el punto de vista de la hermética, a este respecto. Las moléculas, átomos y corpúsculos tienen sus «amores y odios», «gustos y disgustos», «atracciones y repulsiones», «afinidades y no-afinidades», etc., y algunas de las más atrevidas de las modernas mentes científicas han expresado la opinión de que el deseo y la voluntad, las emociones y los sentimientos de los átomos difieren sólo en grado de los de los hombres. No tenemos tiempo o espacio para argüir aquí esta materia. Todos los ocultistas saben que es un hecho, y otros son referidos a algunas de las obras científicas más recientes para una corroboración exterior. Hay las siete subdivisiones usuales para este plano.

El plano de mente elemental (A) comprende el estado o condición y grado de desarrollo mental y vital de una clase de entidades desconocidas para el hombre corriente, pero reconocidas por los ocultistas. Son invisibles a los sentidos ordinarios del hombre, pero, no obstante, existen y representan su papel en el drama del universo. Su grado de inteligencia está entre el de las entidades minerales y químicas de una parte, y el de las entidades del reino de las plantas por la otra. Hay siete subdivisiones para este plano también.

El plano de mente de planta, en sus siete subdivisiones, comprende los estados o condiciones de las entidades que comprenden los reinos del mundo de las plantas, cuyos fenómenos vitales y mentales son bastante bien entendidos por la persona inteligente corriente, habiendo sido publicadas durante la última década muchas nuevas e interesantes obras científicas concemientes a «mente y vida en las plantas». Las plantas tienen vida, mente y «almas» igual que las tienen los animales, el hombre y el super-hombre.

El plano de mente elemental (B), en sus siete subdivisiones, comprende los estados y condiciones de una forma superior de entidades «elementales» o invisibles, jugando su parte en el trabajo general del universo, cuya mente y vida forman una parte de la escala entre el plano de la mente de planta y el plano de la mente animal, participando las entidades de la naturaleza de ambos.

El plano de mente animal, en sus siete subdivisiones, comprende los estados y condiciones de las entidades, seres o almas que animan las formas animales de vida, familiares para todos nosotros. No es necesario entrar en detalles concernientes a este reino o plano de vida, pues el mundo animal nos es tan familiar como el nuestro propio.

El plano de mente elemental (C), en sus siete subdivisiones, comprende esas entidades o seres, invisibles como lo son todas esas formas elementales, que participan de la naturaleza de la vida tanto animal como humana en un grado y en ciertas combinaciones. Las formas más elevadas son semihumanas en inteligencia.

El plano de mente humana, en sus siete subdivisiones, comprende esas manifestaciones de vida y mentalidad que son comunes al hombre, en sus diversos grados, gradaciones y divisiones. En esta conexión, deseamos apuntar el hecho de que el hombre corriente de hoy en día no ocupa sino la cuarta subdivisión del plano de mente humana, y sólo los más inteligentes han cruzado los límites de la quinta subdivisión. Le ha tomado a la raza niillones de años alcanzar esta etapa, y le tomará muchos años más a la raza el pasar a las subdivisiones sexta y séptima, y más allá. Pero recordad que ha habido razas antes de nosotros que han pasado a través de estos grados y después a planos superiores. Nuestra propia raza es la quinta (con rezagados de la cuarta) que ha puesto el pie sobre el sendero. Y también hay unas pocas almas avanzadas de nuestra propia raza que han sobrepujado a las masas y que han pasado a la subdivisión sexta y séptima, estando algunas pocas aún más lejos adelante.   El hombre de la sexta subdivisión será «el super-hombre», el de la séptima será «el por encima del hombre».

En nuestra consideración de los siete planos mentales menores, nos hemos referido meramente a los tres planos elementarios de un modo general. No deseamos entrar en este tema en detalle en esta obra, pues no pertenece a esta parte de la filosofía y de las enseñanzas generales. Pero podemos decir esto, a fin de daros una idea un poco más clara de las relaciones de estos planos con los más familiares; los planos elementarios guardan la misma relación con los planos de mentalidad y vida mineral, de planta, animal y humana, que las teclas negras del piano tienen con las blancas. Las teclas blancas son suficientes para producir música, pero hay ciertas escalas, melodías y armonías, en las que las teclas negras juegan su parte, y en las que su presencia es necesaria. Son necesarias también como «vínculos conectantes» de la condición del alma, estados de entidad, etc., entre los varios otros planos, siendo conseguidas ahí ciertas formas de desarrollo; dando este último hecho al lector que puede «leer entre las líneas» una nueva luz sobre los procesos de evolución, y una nueva llave para la puerta secreta de los «saltos de vida» entre reino y reino. Los grandes reinos de elementales son plenamente reconocidos por todos los ocultistas, y los escritos esotéricos están llenos de menciones de ellos. Los lectores de Zanoni de Bulwer y relatos similares reconocerán a las entidades que habitan estos planos de vida.

Pasando adelante del gran plano mental al gran plano espiritual, ¿qué diremos? ¿Cómo podemos explicar estos estados superiores de ser, vida y mente a mentes aún incapaces de captar y entender las subdivisiones superiores del plano de la mente humana? La tarea es imposible. Sólo podemos hablar en los términos más generales. ¿Cómo puede describirse la luz a un hombre nacido ciego; cómo el azúcar, a un hombre que nunca ha saboreado nada dulce; cómo la armonía, a uno nacido sordo?

Todo lo que podemos decir es que los siete planos menores del gran plano espiritual (teniendo cada plano menor sus siete subdivisiones) comprende seres que poseen vida, mente y forma tan por encima de las del hombre de hoy en día como el último está por encima del gusano de tierra, el mineral o incluso ciertas formas de energía o materia. La vida de estos seres trasciende tanto la nuestra, que no podemos pensar siquiera en los detalles de la misma; sus mentes trascienden tanto la nuestra, que para ellos apenas parecemos «pensar», y nuestros procesos mentales parecen casi próximos a los procesos materiales; la materia de la que están compuestas sus formas es de los planos más elevados de la materia, más aún, de algunos se dice incluso que están «vestidos en energía pura». ¿Qué puede decirse de tales seres?

En los siete planos menores del gran plano espiritual existen seres de quienes podemos hablar como ángeles, arcángeles, semi-dioses. En los planos menores inferiores moran esas grandes almas a quienes llamamos maestros y adeptos. Por encima de ellos vienen las grandes jerarquías de las huestes angélicas, impensables para el hombre; y por encima de ésas vienen esos que pueden ser llamados sin irreverencia «los dioses», tan alto están en la escala del ser, siendo su ser, inteligencia y poder semejantes a los atribuidos por las razas de los hombres a sus conceptos de la deidad. Estos seres están más allá incluso de los más elevados vuelos de la imaginación humana, siendo la palabra «divinidad» la única aplicable a ellos. Muchos de estos seres, así como la hueste angélica, se toman el más grande interés en los asuntos del universo y juegan una parte importante en sus asuntos. Estas divinidades invisibles y auxiliares angélicos extienden su influencia libre y poderosamente en el proceso de evolución y progreso cósmico. Su intervención y asistencia ocasionales en los asuntos humanos ha conducido a muchas leyendas, creencias, religiones y tradiciones de la raza, pasadas y presentes. Ellos han sobreimpuesto su conocimiento y poder sobre el mundo, una y otra vez, todo bajo la ley del TODO, desde luego.

Pero, sin embargo, incluso los más elevados de estos seres avanzados existen meramente como creaciones de, y en, la mente del TODO, y están sujetos a los procesos cósmicos y a las leyes universales. Aún son mortales. Podemos llamarles «dioses» si queremos, pero aún no son sino los hermanos mayores de la raza; las almas avanzadas que han sobrepujado a sus hennanos y que han renunciado al éxtasis de la absorción por EL TODO, a fin de ayudar a la raza en su viaje hacia arriba a lo largo del sendero. Pero pertenecen al universo, y están sujetos a sus condiciones -son mortales- y su plano está por debajo del del espíritu absoluto.

Sólo los hertnetistas más avanzados son capaces de captar las enseñanzas intemas concernientes al estado de existencia y los poderes manifestados en los planos espirituales. Los fenómenos son tan superiores a los de los planos mentales que resultaría con seguridad una confusión de ideas a partir de un intento por describir los mismos. Sólo aquellos cuyas mentes han sido cuidadosamente entrenadas a lo largo de las líneas de la filosofía hermética durante años -sí, aquellos que han traído consigo de otras encarnaciones el conocimiento adquirido previamente- pueden comprender justo lo que se da a entender por la enseñanza concerniente a estos planos espirituales. Y mucha de esta enseñanza interna es tenida por los hermetistas como siendo demasiado sagrada, importante e incluso peligrosa para la diseminación pública general. El estudiante inteligente puede reconocer lo que queremos decir con esto cuando establecemos que el significado de «espíritu» tal como se usa por los hermetistas es semejante a «poder viviente», «fuerza animada», «esencia interna», «esencia de vida», etc., significado que no debe ser confundido con el usual y comúnmente empleado en conexión con el término, i. e. «religioso, eclesiástico, espiritual, etéreo, santo», etc. Para los ocultistas la palabra «espíritu» se usa en el sentido de «principio animador», llevando consigo la idea de poder, energía viviente, fuerza mística, etc. Y los ocultistas saben que lo que les es conocido como «poder espiritual» puede ser empleado tanto para fines malvados coríio buenos (de acuerdo con el principio de polaridad), un hecho que ha sido reconocido por la mayoría de las religiones en sus concepciones de Satán, Beelzebub, el Diablo, Lucifer, ángeles caídos, ete. Y, por tanto, el conocimiento concerniente a estos planos ha sido conservado en el santo de los santos en todas las fraternidades esotéricas y órdenes ocultas -en la cámara secreta del templo-. Pero esto puede decirse aquí, que aquellos que han alcanzado elevados poderes espirituales y los han usado mal, tienen un terrible destino en reserva para ellos, y el balanceo del péndulo del ritmo les balanceará inevitablemente de vuelta al más lejano extremo de la existencia material, desde cuyo punto deberán retrazar sus pasos hacia el espíritu, a lo largo de los fatigosos rodeos del sendero, pero siempre con la añadida tortura de tener siempre consigo una memoria que permanece de las alturas desde las que cayeron debido a sus malas acciones. Las leyendas de los ángeles caídos tienen una base en hechos verdaderos, como lo saben todos los ocultistas avanzados. El esforzarse por el poder egoísta en los planos espirituales resulta inevitablemente en que el alma egoísta pierde su equilibrio espiritual y cae atrás tan lejos como se había elevado previamente. Pero incluso a un alma así se le da la oportunidad del retorno -y tales almas hacen el viaje de retorno pagando el terrible castigo de acuerdo con la ley invariable.

En conclusión querríamos recordamos de nuevo que de acuerdo con el principio de correspondencia, que incorpora la verdad: «Como es arriba, es abajo; como es abajo, es arriba», todos los siete principios herméticos están en plena operación en todos los muchos planos, físicos, mentales y espirituales. El pnncipio de sustancia mental se aplica desde luego a todos los planos, pues todos están sostenidos en la mente del TODO. El pnncipio de correspondencia se manifiesta en todos, pues hay una correspondencia, armonía y acuerdo entre los varios planos. El principio de vibración se manifiesta en todos los planos, de hecho las diferencias mismas que hacen los «planos» surgen de la vibración, como hemos explicado. El principio de polaridad se manifiesta sobre cada plano, siendo los extremos de los polos aparentemente opuestos y contradictorios. El principio de ritmo se manifiesta sobre cada plano, teniendo el movin-úento de los fenómenos su mengua y su crecida, su elevación y su caída, su infusión y su efusión. El principio de causa y efecto se manifiesta sobre cada plano, teniendo todo efecto su causa y teniendo toda causa su efecto. El principio de género se manifiesta sobre cada plano, estando siempre manifiesta la energía creativa y operando a lo largo de las líneas de sus aspectos masculino y femenino.

«Como es arriba, es abajo; como es abajo, es arriba.» Este axioma hermético, viejo por siglos, incorpora uno de los grandes principios de los fenómenos universales. Conforme procedamos con nuestra consideración de los restantes principios, veremos aún más claramente la verdad de la naturaleza universal de este gran principio de correspondencia.

CAPITULO IX
VIBRACION

«Nada descansa; todo se mueve;
todo vibra.»

El Kybalion.

El gran tercer principio hermético -el principio de vibración- incorpora la verdad de que la moción está manifiesta en toda cosa en el universo: que nada está en reposo, que todo se mueve, vibra y gira. Este principio hermético fue reconocido por algunos de los primitivos filósofos griegos que lo incorporaban en sus sistemas. Pero fue perdido de vista durante siglos por los pensadores fuera de las filas herméticas. Mas en el siglo XIX la ciencia física redescubrió la verdad y los descubrinúentos científicos del siglo XX han añadido pruebas adicionales en la corrección y verdad de esta doctrina hermética vieja por siglos. Las enseñanzas herméticas son que no sólo está toda cosa en movimiento y vibración constantes, sino que las «diferencias» entre las diversas manifestaciones del poder universal son debidas enteramente al grado y modo variables de las vibraciones. No sólo esto, sino que incluso EL TODO, en sí mismo, manifiesta una vibración constante de un grado infinito de intensidad y rápida moción tal que puede ser prácticamente considerado en reposo, dirigiendo los instructores la atención de los estudiantes al hecho de que incluso en el plano físico un objeto moviéndose rápidamente (tal como una rueda giratoria) parece estar en reposo. Las enseñanzas son que el espíritu está en un extremo del polo de vibración, siendo el otro polo ciertas formas de materia extremadamente groseras. Entre estos dos polos hay millones sobre millones de grados y modos de vibración diferentes.

La ciencia moderna ha probado que todo lo que llamamos materia y energía no son sino «modos de movimiento vibratorio», y algunos de los científicos más avanzados se están moviendo rápidamente hacia la posición de los ocultistas que sostienen que los fenómenos de la mente son igualmente modos de vibración o moción. Veamos qué tiene que decir la ciencia concemiente a la cuestión de las vibraciones en la materia y la energía.

En primer lugar, la ciencia enseña que toda materia manifiesta, en algún grado, las vibraciones que surgen de la temperatura o el calor. Esté un objeto frío o caliente -no siendo ambos sino grados de las mismas cosas- manifiesta ciertas vibraciones de calor, y en ese sentido está en movimiento y vibración. Además todas las partículas de materia están en movimiento circular, desde el corpúsculo hasta los soles. Los planetas revolucionan alrededor de soles, y muchos de ellos giran sobre sus ejes. Los soles se mueven alrededor de mayores puntos centrales, y se cree que éstos se mueven alrededor de otros aún mayores, y así sucesivamente, ad infinitum. Las moléculas de que están compuestas las clases particulares de materia están en un estado de vibración y movimiento constantes una alrededor de la otra y una contra la otra. Las moléculas están compuestas de átomos, que, igualmente, están en un estado de movimiento y vibración constantes. Los átomos están compuestos de corpúsculos, a veces llamados electrones», «iones», etcétera, que también están en un estado de rápida moción, revolucionando uno alrededor del otro, y que manifiestan un estado y modo de vibración muy rápido. Y vemos, pues, que todas las formas de materia manifiestan vibración, de acuerdo con el principio hermético de vibración.

Y así ocurre con las diversas formas de energía. La ciencia enseña que luz, calor, magnetismo y electricidad no son sino formas de moción vibratorio conectadas de algún modo con, y probablemente emanando del, éter. La ciencia todavía no intenta explicar la naturaleza de los fenómenos conocidos como cohesión, que es el principio de atracción molecular; ni la afinidad química, que es el principio de atracción atómica; ni la gravitacion (el más grande misterio de los tres), que es el principio de atracción por el que toda partícula o masa de materia está ligada a toda otra partícula o masa. Estas tres formas de energía no son todavía entendidas por la ciencia, sin embargo los escritores se inclinan a la opinión de que éstas también son manifestaciones de alguna forma de energía vibratorio, un hecho que los hermetistas han sostenido y enseñado durante edades pasadas.

El éter universal, que es postulado por la ciencia sin que su naturaleza sea entendida claramente, se sostiene por los hermetistas que no es sino una manifestación superior de eso que se llama erróneamente materia, es decir, materia en un grado superior de vibración-y es llamado por ellos «la sustancia etérea». Los hennetistas enseñan que esta sustancia etérea es de tenuidad y elasticidad extremas, y compenetra el espacio universal, sirviendo como un medio de transmisión de ondas de energía vibratorio, tales como calor, luz, electricidad, magnetismo, etc. Las enseñanzas son que la sustancia etérea es un vínculo conector entre las formas de energía vibratorio conocidas como «materia», por una parte, y «energía o fuerza», por otra; y también que manifiesta un grado de vibración, en frecuencia y modo, enteramente propio.

Los científicos han ofrecido la ilustración de una rueda, peonza o cilindro, moviéndose rápidamente para mostrar los efectos de frecuencias de vibración crecientes. La ilustración supone una rueda, peonza o cilindro en revolución, corriendo a un bajo grado de velocidad -llamaremos a esta cosa   revolucionante
«el objeto» al seguir la ilustración-. Supongamos que e o eto se mueve lentamente. Puede verse fácilmente, pero ningún sonido de su movimiento alcanza al oído. La velocidad es gradualmente incrementada. En unos pocos momentos su movimiento se vuelve tan rápido que puede oírse un gruñido profundo o nota baja.   Entonces conforme la frecuencia se incrementa la nota se eleva una vez en la escala musical. Después,, siendo aumentada todavía más la moción, se distingue la siguiente nota más elevada. Después, una después de la otra, aparecen todas las notas de la escala musical, elevándose cada vez más alto conforme la moción se incremente. Finalmente, cuando los movirrúentos han alcanzado una cierta frecuencia, se alcanza la nota final perceptible a los oídos humanos y el chillido, agudo y penetrante, se desvanece y sigue el silencio. No se oye ningún sonido proviniente del objeto en revolución, siendo la frecuencia de moción tan alta que el oído humano no puede registrar las vibraciones. Entonces viene la percepción de grados de calor en aumento. Después, tras un buen rato, el ojo capta un vislumbre de que el objeto se está volviendo de un color rojizo apagado oscuro. Conforme se incremente la frecuencia, el rojo se vuelve más brillante.   Entonces, conforme la velocidad es aumentada, el rojo se funde en un naranja. El naranja se funde en un amarillo. Entonces siguen, sucesivamente, los tonos de verde, azul, índigo y, finalmente, violeta, conforme aumenta el grado de velocidad. Entonces el violeta se desvanece, y desaparece todo color, no siendo capaz el ojo humano de registrarlos. Pero hay rayos invisibles emanando del objeto revolucionante, los rayos que se usan al fotografiar, y otros rayos sutiles de luz. Entonces comienzan a manifestarse los peculiares rayos conocidos como los «rayos X», etc., conforme cambia la constitución del objeto. Cuando se alcanza el grado de vibración apropiado, se emiten electricidad y magnetismo.

Cuando el objeto alcanza una cierta frecuencia de vibración sus moléculas se desintegran, y se resuelven en los elementos o átomos originales. Entonces los átomos, siguiendo el principio de vibración, son separados en los incontables corpúsculos de que están compuestos. Y finalmente, incluso los corpúsculos desaparecen y puede decirse que el objeto está compuesto de la sustancia etérea. La ciencia no se atreve a seguir más lejos la ilustración, pero los hermetistas enseñan que si las vibraciones se incrementasen continuamente el objeto remontaría los estados sucesivos de manifestación y manifestaría a su vez las diversas etapas mentales, y después continuando hacia el espíritu, hasta que finalmente reentraría al TODO, que es espíritu absoluto. El «objeto», sin embargo, habría cesado de ser un «Objeto» mucho antes de que se alcanzase la etapa de sustancia etérea, pero por otra parte la ilustración es correcta en tanto en cuanto que muestra el efecto de grados y modos de vibración constantemente incrementados. Debe recordarse, en la ilustración de arriba, que en las etapas en las que el «objeto» arroja vibraciones de luz, calor, etc., no se «resuelve» realmente en esas formas de energía (que están mucho más arriba en la escala), sino que simplemente alcanza un grado de vibración en el que esas formas de energía son liberadas, en un grado, de la confinante influencia de sus moléculas, átomos y corpúsculos, según sea el caso. Estas fonnas de energía, aunque mucho más elevadas en la escala que la materia, están aprisionadas y confinadas en las combinaciones materiales, en razón de las energías que se manifiestan a través de, y usan formas materiales, aunque quedando así atrapadas y confinadas en sus creaciones de formas materiales, lo que, hasta cierto punto, es cierto de todas las creaciones, quedando la fuerza creadora envuelta en su creación.

Pero las enseñanzas herméticas van mucho más lejos de lo que lo hacen las de la ciencia moderna. Enseñan que toda manifestación de pensamiento, emoción, razón, voluntad o deseo, o cualquier estado o condición mental, está acompañado por vibraciones, una porción de las cuales son arrojadas y tienden a afectar a las mentes de otras personas por «inducción». Éste es el principio que produce los fenómenos de la «telepatía»; la influencia mental, y otras formas de la acción y el poder de mente sobre mente, con las que el público general se está familiarizando rápidamente, debido a la amplia diseminación de conocimiento oculto por las diversas escuelas, cultos e instructores a lo largo de estas líneas en este tiempo.

Todo pensamiento, emoción o estado mental tiene su grado y modo de vibración correspondiente. Y por un esfuerzo de la voluntad de la persona, o de otras personas, estos estados mentales pueden ser reproducidos, igual que un tono musical puede ser reproducido haciendo vibrar un instrumento a una cierta frecuencia -igual que el color puede ser reproducido del mismo modo. Por un conocimiento del principio de vibración, aplicado a los fenómenos mentales, uno puede polarizar su mente

en cualquier grado que desee, consiguiendo así un control perfecto sobre sus estados mentales, humores, etc. Del mismo modo puede afectar las mentes de otros, produciendo en ellos

los estados mentales deseados. En breve, puede ser capaz de producir sobre el plano mental lo que la ciencia produce sobre el plano físico -a saber, «vibraciones a voluntad»-. Este poder desde luego sólo puede adquiriese por la instrucción, ejercicios, práctica, etc., apropiados, siendo la ciencia la de la transmutación mental, una de las ramas del arte hermético.

Una pequeña reflexión de lo que hemos dicho le mostrará al estudiante que el principio de vibración subyace en los maravillosos fenómenos de poder manifestados por los maestros y adeptos, que son capaces de dejar a un lado aparentemente las leyes de la Naturaleza, pero que, en realidad, están simplemente usando una ley contra otra, un pnncipio contra otros; y que consiguen sus resultados cambiando las vibraciones de los objetos materiales, o formas de energía, y ejecutan así lo que comúnmente se llaman «milagros».

Como ha dicho con verdad uno de los antiguos escritores herméticos: «Aquel que entiende el principio de vibración, ha captado el cetro del poder.»

CAPITULO X
POLARIDAD

«Todo es dual; todo tiene polos; todo tiene su par de opuestos; semejante y desemejante son lo mismo; los opuestos son idénticos en naturaleza, pero diferentes en grado; los extremos se encuentran; todas las verdades no son sino medias verdades, todas las paradojas pueden ser reconciliadas.»

El Kybalion.

El gran cuarto principio hermético -el principio de polaridad- incorpora la verdad de que todas las cosas manifiestas tienen «dos lados», «dos aspectos», «dos polos», «un par de opuestos», con múltiples grados entre los dos extremos. Las viejas paradojas, que han dejado siempre perplejas la mente de los hombres, son explicadas por una comprensión de este principio. El hombre ha reconocido siempre   algo similar a este principio, y se ha esforzado por expresarle por dichos, máximas y aforismos tales como el siguiente: «Todo es y no es, al mismo tiempo»; «todas las verdades no son sino medias- verdades»; «toda verdad es medio-falsa»; «hay dos lados para todo»; «hay un reverso para todo escudo», etc. Las enseñanzas herméticas son que la diferencia entre cosas aparentemente opuestas de modo diametral una a la otra es meramente una cuestión de grado. Enseña que «los pares de opuestos pueden ser reconciliados», y que «tesis y antítesis son idénticas en naturaleza, pero diferentes en grado»; y que la «reconciliación universal de opuestos» se efectúa por un reconocimiento de este principio de polaridad. Los instructores alegan que pueden tenerse ilustraciones de este principio a puñados, y a partir de un examen de la naturaleza real de cualquier cosa. Empiezan mostrando que espíritu y materia no son sino los dos polos de la misma cosa, siendo los planos intermedios meramente grados de vibración. Muestran que EL TODO y los muchos son lo mismo, siendo la diferencia meramente una cuestión de grado de manifestación mental. Así, la LEY y las leyes son los dos polos opuestos de una cosa. Igualmente, PRINCIPIO y principios. Mente infinita y mentes finitas. Pasando entonces al plano físico, ilustran el principio mostrando que el calor y el frío son idénticos en naturaleza, siendo las diferencias meramente una cuestión de grados. El termómetro muestra muchos grados de temperatura, siendo llamado el polo más bajo «frío» y el más elevado, «calor». Entre estos dos polos hay muchos grados de «calor» o «frío», llámalos cualquiera de los dos y estarás igualmente en lo correcto. El superior de dos grados es siempre «más cálido», mientras que el inferior es siempre «más frío». No hay ninguna norma absoluta, todo es una cuestión de grado. No hay ningún lugar en el termómetro donde el calor cese y comience el frío. Es todo una cuestión de vibraciones más altas o más bajas. Los núsmos términos «alto» y «bajo», que estamos compelidos a usar, no son sino polos de la misma cosa -los términos son relativos-. Igual con «Este y Oeste»; viajad alrededor del mundo en dirección Este, y alcanzaréis un punto que se llama Oeste en vuestro punto de partida, y retornáis desde ese punto hacia el Oeste. Viajad lo bastante lejos al Norte, y os encontraréis viajando hacia el Sur, o viceversa.

Luz y oscuridad son polos de la misma cosa, con muchos grados entre ellas. La escala musical es lo mismo; co menzando con «do» os movéis hacia arriba hasta que alcanzáis otro «do», y así sucesivamente, siendo las diferencias entre los dos extremos del cuadro las mismas, con muchos grados entre los dos extremos. La escala de color es lo mismo, siendo la única diferencia entre el violeta alto y el rojo bajo de vibraciones más altas o más bajas. Grande y pequeño son relativos. Igual lo son ruido y silencio; duro y blando siguen la regla. Igualmente agudo y romo. Positivo y negativa son dos polos de la misma cosa, con incontables grados entre ellos.

Bueno y malo no son absolutos; llamamos a un extremo de la escala bueno y al otro malo, o a un extremo bien y al otro mal, de acuerdo con el uso de los términos. Una cosa es «menos buena» que la cosa más arriba en la escala; pero esa cosa «menos buena», a su vez, es «más buena» que la siguiente cosa bajo ella; y así sucesivamente, siendo regulado el «más o menos» por la posición en la escala.

Y así es en el plano mental. «Amor y odio» son considerados generalmente como cosas diametralmente opuestas una a la otra, enteramente diferentes, irreconciliables. Pero aplicamos el principio de polaridad; encontramos que no hay tal cosa como amor absoluto u odio absoluto, como distintos uno del otro. Los dos son meramente términos aplicados a los dos polos de la misma cosa. Empezando en cualquier punto de la escala encontramos «más amor», o «menos odio», conforme ascendemos la escala; y «más odio» o «menos amor» conforme descendemos -siendo esto verdad no importa de qué punto, alto o bajo, podamos comenzar-. Hay grados de amor y odio, y hay un punto medio donde «gusto y disgusto» se vuelven tan débiles que es difícil distinguir entre ellos. Coraje y miedo caen bajo la misma regla. Los pares de opuestos existen en todas partes. Donde encontráis una cosa encontráis su opuesto -los dos polos.

Y es este hecho el que permite al hermetista transmutar un estado mental en otro, a lo largo de las líneas de polarización. Las cosas que pertenecen a clases diferentes no pueden ser transmutadas una en la otra, pero las cosas de la misma clase pueden ser cambiadas, esto es, pueden tener cambiada su polaridad. Así el amor nunca se convierte en Este u Oeste, o rojo o violeta -pero puede, y a menudo lo hace, convertirse en odio-, e igualmente el odio puede ser transformado en amor, cambiando su polaridad. El coraje puede ser transmutado en miedo, y al revés. Las cosas duras pueden ser vueltas blandas. Las cosas romas se vuelven agudas. Las cosas calientes se vuelven frías. Y así sucesivamente, siendo siempre la transmutación entre cosas de la misma clase de grados diferentes. Tomad el caso de un hombre temeroso. Elevando sus vibraciones mentales a lo largo de la línea de miedo-coraje, puede llenarse con el más elevado grado de coraje y temeridad. E, igualmente, el hombre indolente puede cambiarse en un individuo activo, enérgico, simplemente polarizándose a lo largo de las líneas de la cualidad deseada.

El estudiante que está familiarizado con los procesos por los que las diversas escuelas de ciencia mental, etc., producen cambios en los estados mentales de aquellos que siguen sus enseñanzas, puede no entender fácilmente el principio que subyace a muchos de estos cambios. Cuando, sin embargo, una vez que el principio de polaridad es captado, y se ve que los cambios mentales son ocasionados por un cambio de polaridad -un deslizamiento a lo largo de la misma escala-, la cuestión se entiende más fácilmente. El cambio no es de la naturaleza de una transmutación de una cosa en otra enteramente diferente, sino que es merarnente un cambio de grado en las mismas cosas, una diferencia vastamente importante. Por ejemplo, tomando prestada una analogía del plano físico, es imposible cambiar calor en agudeza, ruido, altura, etc., pero el calor puede ser fácilmente transmutado en frío, simplemente bajando las vibraciones. Del mismo modo, odio y amor son mutuamente transmutables; igual lo son el temor y el coraje. Pero el temor no puede ser transformado en amor, ni puede el coraje ser transmutado en odio. Los estados mentales pertenecen a innumerables clases, cada una de cuyas clases tiene sus polos opuestos, a lo largo de la cual es posible la transmutación.

El estudiante reconocerá fácilmente que en los estados mentales, así como en los fenómenos del plano físico, los dos polos pueden ser clasificados como positivo y negativo, respectivamente. Así el amor es positivo ante el odio, el coraje ante el temor, la actividad ante la no-actividad, etc. Y se notará también que incluso para aquellos no familiarizados con el principio de vibración, el polo positivo les parece ser de un grado superior que el negativo, y fácilmente lo domina. La tendencia de la Naturaleza es en la dirección de la actividad dominante del polo positivo.

En adición al cambio de los polos de los propios estados mentales de uno por la operación del arte de polarización, los fenómenos de la influencia mental, en sus múltiples fases, nos muestran que el principio puede ser extendido de modo que abrace los fenómenos de la influencia de una mente sobre otra, sobre la que tanto se ha escrito y enseñado en los últimos años. Cuando se entiende que la inducción mental es posible, esto es, que pueden producirse estados mentales por «inducción» a partir de otros, entonces podemos fácilmente ver cómo una cierta frecuencia de vibración, o polarización de un cierto estado mental, puede ser comunicada a otra persona, y cambiada así su polaridad en esa clase de estados mentales. Es a lo largo de este principio que se obtienen los resultados de muchos de los «tratamientos mentales». Por ejemplo, una persona está «triste», melancólica y llena de miedo. Un científico mental, llevando su mente hasta la vibración deseada por su voluntad entrenada, y obteniendo así la polarización deseada en su propio caso, produce entonces un similar estado mental en el otro por inducción, siendo el resultado que las vibraciones son elevadas y la persona se polariza hacia el extremo positivo de la escala en vez de hacia el negativo, y su temor y otras emociones negativas son transmutadas a coraje y estados mentales positivos similares. Un pequeño estudio os mostrará que estos cambios mentales están casi a todo lo largo de la línea de polarización, siendo el cambio uno de grado más que de clase.

Un conocimiento de la existencia de este gran principio hermético capacitará al estudiante a entender mejor sus propios estados mentales, y los de otra gente. Verá que estos estados son todos cuestiones de grado, y viendo esto, será capaz de elevar o bajar la vibración a voluntad, de cambiar sus polos mentales, y ser así maestro de sus estados mentales, en vez de ser su siervo y esclavo. Y por su conocimiento será capaz de ayudar a sus compañeros inteligentemente, y por los métodos apropiados cambiará la polaridad cuando lo mismo sea deseable. Aconsejamos a todos los estudiantes familiarizarse con este principio de polaridad, pues un entendimiento correcto del mismo arrojará luz sobre muchos asuntos difíciles.

CAPITULO XI
RITMO

«Todo fluye afuera y adentro; todo tiene sus mareas; todas las cosas se elevan y caen; la oscilación del péndulo se manifiesta en todo; la medida de la oscilación hacia la derecha es la medida de la oscilación

hacia la izquierda; el ritmo compensa.»

El Kybalion.

El gran quinto principio hermético -el principio de ritmo- incorpora la verdad de que en todo hay manifestada una moción medida; un movimiento hacia delante y hacia atrás; un flujo y un influjo; una oscilación hacia delante y hacia atrás; un movimiento como de péndulo; una mengua y una crecida como de marea; entre los dos polos manifiestos sobre los planos físico, mental o espiritual. El principio de ritmo está conectado estrechamente con el principio de polaridad descrito en el capftulo precedente. El ritmo se manifiesta entre los dos polos establecidos por el principio de polaridad. Esto no significa, sin embargo, que el péndulo del ritmo oscile hasta los polos extremos, pues esto raramente sucede; de hecho, es difícil establecer los opuestos polares extremos en la mayoría de los casos. Pero la oscilación es siempre «hacia» un polo primero y después el otro.

Hay siempre una acción y una reacción; un avance y una retirada; una elevación y un hundimiento; manifestados en todos los aires y fenómenos del universo. Soles, mundos, hombres, animales, plantas, minerales, fuerzas, energía, mente y materia, sí, incluso espíritu, manifiestan este principio. El principio se manifiesta en la creación y destrucción de mundos; en la elevación y caída de naciones; en la historia de la vida de todas las cosas; y finalmente en los estados mentales del hombre.

Comenzando con las manifestaciones del espíritu -el TODO- se notará que siempre hay la efusión y la absorción; la «expiración e inspiración de Brahma», como los brahmanes lo ponen. Los universos son creados; alcanzan su punto bajo extremo de materialidad; y entonces comienzan su oscilación hacia arriba. Los soles brotan al ser, y entonces, alcanzada su cima de poder, el proceso de retrogresión comienza, y tras cones se convierten en masas muertas de materia, aguardando otro impulso que despierta de nuevo sus energías internas a la actividad y un nuevo ciclo de vida solar comienza. Y así es con todos los mundos; nacen, crecen y mueren; sólo para renacer. Y así es con todas las cosas de contorno y forma; oscilan de la acción a la reacción, del nacimiento a la muerte, de la actividad a la inactividad, y entonces de vuelta de nuevo. Así es con todas las cosas vivientes: nacen, crecen y mueren, y renacen entonces. Así es con todos los grandes movimientos, filosofías, credos, modas, gobiernos, naciones y todo lo demás: nacimiento, crecimiento, madurez, decadencia, muerte, y entonces nuevo nacimiento. La oscilación del péndulo está siempre en evidencia.

La noche sigue al día, y el día a la noche. El péndulo oscila de verano a invierno, y entonces de vuelta de nuevo. Los corpúsculos, átomos, moléculas y todas las masas de materia, oscilan alrededor del círculo de su naturaleza. No hay tal cosa como el reposo absoluto, o la cesación del movimiento, y todo movimiento participa del ritmo. El principio es de aplicación universal. Puede ser aplicado a cualquier interrogante o fenómeno de cualquiera de las muchas fases de la vida. Puede ser aplicado a todas las fases de actividad humana. Hay siempre la oscilación rítmica de un polo al otro. El péndulo universal está siempre en moción. Las mareas de vida fluyen adentro y afuera, de acuerdo a la ley.

El principio de ritmo es bien entendido por la ciencia moderna, y considerado una ley universal cuando se aplica a cosas materiales. Pero los hermetistas llevan el principio mucho más lejos, y saben que sus manifestaciones e influencia se extienden a las actividades mentales del hombre, y que da cuenta de la desconcertante sucesión de humores, sentimientos y otros cambios fastidiosos y aperplejantes que advertimos en nosotros mismos. Pero los hermetistas estudiando las operaciones de este principio han aprendido a escapar de algunas de sus actividades por transmutación.

Los maestros herméticos descubrieron hace mucho que mientras que el principio de ritmo era invariable, y siempre en evidencia en los fenómenos mentales, había sin embargo dos planos de su manifestación hasta donde están concernidos los fenómenos mentales. Descubrieron que había dos planos generales de conciencia, el inferior y el superior, la comprensión de cuyo hecho les capacitó a elevarse al plano superior y escapar así a la oscilación del péndulo rítmico que se manifestaba en el plano inferior. En otras palabras, la oscilación del péndulo ocurría en el plano inconsciente, y la consciencia no era afectada. A esta la llamaron la ley de neutralización. Sus operaciones consisten en la elevación del ego por encima de las vibraciones del plano inconsciente de actividad mental, de modo que la oscilación negativa del péndulo no se manifiesta en la conciencia, y por consiguiente no son afectados. Es similar a elevarse por encima de una cosa y dejarla pasar por debajo tuyo. El maestro hermético, o el estudiante avanzado, se polariza en el polo deseado, y por un proceso semejante a

«rehusarse» a participar en la oscilación hacia atrás, o, si prefeils, una «negación» de su influencia sobre él, se mantiene firme en su posición polarizada, y permite que el péndulo mental oscile hacia atrás a lo largo del plano inconsciente. Todos los individuos que han alcanzado algún grado de automaestría, realizan esto, más o menos sin saberlo, y rehusándose a pertnitir que sus humores y estados mentales negativos les afecten, aplican la ley de neutralización. El maestro, sin embargo, lleva esto a un grado mucho mayor de eficiencia, y por el uso de su voluntad alcanza un grado de equilibrio y firmeza mental casi imposible de creer por parte de esos que permiten ser oscilados hacia atrás y hacia adelante por el péndulo mental de los humores y los sentimientos.

La importancia de esto será apreciada por cualquier persona reflexiva que realice qué criaturas de humores, sentimientos y emociones son la mayoría de la gente, y cuán poca maestría de sí mismos manifiestan. Si queréis detenemos y considerar un momento, realizaréis cuánto os han afectado estas oscilaciones del ritmo en vuestra vida; cómo un período de entusiasmo ha sido seguido invariablemente por un sentimiento y humor opuesto de depresión. Igualmente, vuestros humores y períodos de coraje han sido seguidos por humores iguales de miedo. Y así ha sido siempre en la mayoría de las personas; siempre se han elevado y caído con ellas mareas de sentimiento, pero nunca han sospechado la causa o razón de los fenómenos mentales. Un entendimiento del funcionamiento de este principio le dará a uno la llave de la maestría de estas oscilaciones rítmicas del sentimiento, y le capacitará para conocerse mejor y evitar ser arrastrado por estos influjos y eflujos. La voluntad es superior a la manifestación consciente de este principio, aunque el principio mismo nunca puede ser destruido. Podemos escapar a sus efectos, pero el principio opera, no obstante. El péndulo siempre oscila, aunque podamos escapar a ser arrastrados con él.

Hay otros rasgos de la operación de este principio de ritmo de los que deseamos hablar en este punto. Entra en sus operaciones la que es conocida como ley de compensación. Una de las definiciones o significados de la palabra «compensar» es «contrarrestar», que es el sentido en el que los hertnetistas usan el término. Es a esta ley de compensación a la que se refiere El Kybalion cuando dice: «La medida de la oscilación hacia la derecha es la medida de la oscilación hacia la izquierda; el ritmo compensa.»

La ley de compensación es que la oscilación en una dirección determina la oscilación en dirección opuesta o al polo opuesto -uno equilibra o contrarresta al otro-. Sobre el plano físico vemos muchos ejemplos de esta ley. El péndulo del reloj oscila una cierta distancia hacia la derecha, y después una distancia igual hacia la izquierda. Las estaciones se equilibran una a la otra del mismo modo. Las mareas siguen la misma ley. Y la misma ley está manifestada en todos los fenómenos del ritmo.

El péndulo, con una oscilación corta en una dirección, no tiene sino una oscilación corta en la otra; mientras que la oscilación larga hacia la derecha significa invariablemente la oscilación larga hacia la izquierda. Un objeto arrojado hacia arriba hasta una ciert a altura tiene una distancia igual que atravesar en su retorno. La fuerza con la que es enviado hacia arriba un proyectil una milla se reproduce cuando el proyectil retorna a la tierra en su viaje de retorno. Esta ley es constante sobre el plano físico, como os lo mostrará la referencia a las autoridades modelo.

Pero los hermetistas la llevan aún más lejos. Enseñan que los estados mentales de un hombre están sujetos a la misma ley. El hombre que goza agudamente, está sujeto a agudo sufrimiento, mientras que aquel que no siente sino poco dolor no es capaz de sentir sino poco gozo. El cerdo no sufre sino poco mentalmente, y no goza sino poco -está compensado-. Y por otra parte, hay otros animales que gozan agudamente, pero cuyo organismo nervioso y temperamento les hace sufrir grados exquisitos de dolor. Y así es con el hombre. Hay temperamentos que no permiten sino bajos grados de regocijo, y grados de sufrimiento igualmente bajos; mientras que hay otros que permiten el más intenso regocijo, pero también el más intenso sufrimiento. La regla es que la capacidad para el dolor y el placer, en cada individuo, están equilibradas. La ley de compensación está en plena operación aquí.

Pero los hermetistas van aún más lejos en esta cuestión. Enseñan que antes de que uno sea capaz de gozar de un cierto grado de placer, debe haber -oscilado igual de lejos, proporcionalmente, hacia el otro polo de sentimiento. Sostienen, sin embargo, que el negativo es precedente al positivo en esta cuestión, esto es, que al experimentar un cierto grado de placer no se sigue que tendrá que «pagar por él» con un grado de dolor correspondiente; al contrario, el placer es la oscilación-rítmica, de acuerdo con la ley de compensación, por un grado de dolor experimentado previamente, sea en la vida presente o en una encarnación anterior. Esto arroja una nueva luz sobre el problema del dolor.

Los hermetistas consideran la cadena de vidas como continua, y como formando una parte de una vida del individuo, de modo que en consecuencia la oscilación rítmica se entiende de este modo, mientras que estaría sin significado a no ser que se admitiese la verdad de la reencarnación.

Pero los hermetistas alegan que el maestro o estudiante avanzado es capaz, hasta un gran grado, de escapar a la oscilación hacia el dolor, por el proceso de neutralización antes mencionado. Elevándose al plano superior del ego, mucha de la experiencia que les viene a los que residen en el plano inferior es evitada y se escapa a ella. La ley de compensación juega una parte importante en las vidas de hombres y mujeres. Se notará que uno generalmente «paga el precio» de cualquier cosa que posee o carece. Si tiene una cosa, carece de otra -el equilibrio es derribado-. Nadie puede «conservar su penique y tener el pedacito de pastel» al mismo tiempo. Todo tiene sus lados placenteros y desagradables. Las cosas que uno gana son pagadas siempre por las cosas que uno pierde. El rico posee mucho de que el pobre carece, mientras que el pobre posee a menudo cosas que están más allá del alcance del rico. El millonario puede tener la inclinación hacia el festín, y la riqueza por la que asegurar todas las exquisiteces y lujos de la mesa, mientras que carece del apetito para gozar de los mismos; él envidia el apetito y digestión del obrero, que carece de la riqueza e inclinaciones del millonario, y que obtiene más placer de su simple alimento que el millonario podría obtener incluso si su apetito no estuviera hastiado, ni su digestión arruinada, pues las necesidades, hábitos e inclinaciones difieren. Y así es a través de la vida. La ley de compensación está siempre en operación, esforzándose por equilibrar y contraequilibrar, y siempre consiguiéndolo con el tiempo, incluso aunque puedan requerirse varias vidas para la oscilación de retorno del péndulo del ritmo.

CAPITULO XII
CAUSACION

«Toda causa tiene su efecto; todo efecto tiene su causa; todo sucede de acuerdo con la ley; la casualidad no es sino un nombre para la ley no reconocida; hay muchos planos de causación, pero nada se escapa a la ley.»

El Kybalion.

El gran sexto principio hermético -el principio de causa y efecto- incorpora la verdad de que la ley compenetra el universo; que nada sucede por casualidad; que casualidad es meramente un término que indica una causa existente pero no reconocida o percibido; que los fenómenos son continuos, sin ruptura o excepción.

El principio de causa y efecto subyace a todo pensamiento científico, antiguo y moderno, y fue enunciado por los instructores herméticos en los días más tempranos. Mientras que han surgido muchas y variadas disputas entre las muchas escuelas de pensamiento desde entonces, estas disputas han sido principalmente sobre los detalles de las operaciones del principio, y aún más a menudo sobre el significado de ciertas palabras. El principio subyacente de causa y efecto ha sido aceptado como correcto por prácticamente todos los pensadores del mundo dignos del nombre. Pensar de otro modo sería arrebatar los fenómenos del universo del dominio de la ley y el orden, y relegarlos al control del algo imaginario al que los hombres han llamado «casualidad».

Una pequeña consideración le mostrará a cualquiera que no hay en realidad tal cosa como la casualidad pura. Webster define la palabra «casualidad» como sigue: «Un agente o modo de actividad supuesto diferente de una fuerza, ley o propósito; la operación o actividad de tal agente; el supuesto efecto de un agente tal; un acontecimeinto, accidente, etc.» Pero una pequeña consideración os mostrará que no puede haber un agente tal como la «casualidad», en el sentido de algo fuera de la ley, algo fuera de la causa y el efecto. ¿Cómo podría haber algo actuando en el universo fenoménico, independiente de las leyes, el orden y la continuidad del último? Un algo así sería enteramente independiente de la inclinación ordenada del universo, y por tanto, superior a ella. No podemos imaginar nada fuera del TODO estando fuera de la ley, y eso sólo porque EL TODO es la LEY en sí. No hay sitio en el universo para algo exterior e independiente a la ley. La existencia de un algo así haría todas las leyes naturales inefectivas, y sumiría el universo en el desorden caótico y la falta de ley.

Un cuidadoso examen mostrará que lo que llamamos «casualidad» es meramente una expresión que se relaciona a causas oscuras; causas que no podemos percibir; causas que no podemos entender. La palabra casualidad se deriva de una palabra que significa «caer» (como la caída de los dados), siendo la idea que la caída del dado (y muchos otros acontecimientos) son meramente un «acontecimiento» no relacionado a causa alguna. Y éste es el sentido en el que el término se emplea generalmente. Pero cuando la cuestión se examina de cerca, se ve que no hay ninguna casualidad en la caída del dado. Cada vez que cae un dado, y muestra un cierto número, obedece a una ley tan infalible como la que gobierna la revolución de los planetas alrededor del sol. Detrás de la caída del dado hay causas, o cadenas de causas, que corren hacia atrás más lejos de lo que la mente puede seguirlas. La posición del dado en la caja, la cantidad de energía muscular gastada en el lanzamiento, la condición de la mesa, etc., son todas causas cuyo efecto puede verse. Pero detrás de estas causas vistas hay cadenas de causas invisibles precedentes, todas las cuales tienen una incidencia sobre el numero del dado que cae hacia arriba.

Si se lanzase un dado un gran número de veces, se encontraría que los números mostrados serían aproximadamente iguales, esto es, que habría un número igual de un punto, dos puntos, etc., viniendo a la parte de arriba. Arrojad un penique al aire, y puede venir abajo en «cabezas» o «colas» (N. del T: equivalente inglés del «cara» y «cruz» español); pero haced un número suficiente de lanzamientos, y las cabezas y las colas se nivelarán aproximadamente. Ésta es la operación de la ley de promedio. Pero tanto el promedio como el lanzamiento sencillo vienen bajo la ley de causa y efecto, y si fuéramos capaces de examinar las causas precedentes, se vería claramente que era simplemente imposible que el dado cayera de otro modo a como lo hizo, bajo las mismas circunstancias y en el mismo momento. Dadas las mismas causas, seguirán los mismos resultados. Hay siempre una «causa» y un «porqué» para todo evento. Nada «sucede» nunca sin una causa, o más bien una cadena de causas.

Alguna confusión ha surgido en las mentes de personas que consideraban este principio a partir del hecho de que eran incapaces de explicar cómo una cosa podría causar otra cosa, esto es, ser la «creadora» de la segunda cosa-. Como una cuestión de hecho, ninguna «cosa» causa o «crea» nunca otra «cosa». Causa y efecto tratan meramente con los «eventos». Un «evento» es «lo que viene, llega o sucede, como resultado o consecuencia de algún evento precedente». Ningún evento «crea» otro evento, sino que es meramente un vínculo precedente en la gran cadena ordenada de eventos que fluyen de la energía creativa del TODO. Hay una continuidad entre todos los eventos precedentes, consecuentes y subsiguientes. Hay una relación existente entre todo lo que ha pasado antes y todo lo que sigue. Una piedra se desprende de la ladera de una montaña y aplasta el techo de una cabaña en el valle de abajo. A primera vista consideramos esto como un efecto del azar, pero cuando examinamos la cuestión encontramos una gran cadena de causas detrás de ello. En primer lugar estaba la lluvia que ablandó la tierra que soportaba la piedra y que le permitió caer; entonces detrás de eso estaba la influencia del sol, otras lluvias, etc., que desintegraron gradualmente el pedazo de roca de un pedazo más grande; estaban además las causas que condujeron a la formación de la montaña, y su trastorno por convulsiones de la naturaleza, y así sucesivamente ad infinitum. Así, podríamos seguir las, causas detrás de la lluvia, etc. Entonces podríamos considerar la existencia del techo. En breve, nos encontraríamos envueltos en una malla de causa y efecto, de la que pronto nos esforzaríamos por desenredarnos. Igual que un hombre tiene dos padres, y cuatro abuelos, y ocho bisabuelos, y dieciséis tatarabuelos, y así sucesivamente hasta que se calculan digamos cuarenta generaciones, el número deancestros corren a muchos millones, igual con el número de causas detrás incluso del más trivial evento o fenómeno, tal como el paso de una pequeñísima mota de hollín delante de vuestros ojos. No es una cuestión sencilla el seguir la huella del pedacito de hollín hasta el período primitivo de la historia del mundo cuando formaba parte de un voluminoso tronco de árbol, que fue convertido posteriormente en carbón, y así sucesivamente, hasta la mota de hollín que pasa ahora ante vuestra visión en su camino a otras aventuras. Y una poderosa cadena de eventos, causas y efectos la trajeron a su condición presente, y el último no es sino uno de la cadena de eventos que conducirán a producir otros eventos dentro de cientos de años. Una de las series de eventos que surgen del diminuto pedacito de hollín fue la escritura de estas líneas, que hizo que el mecanógrafo ejecutase cierto trabajo, que el lector de pruebas hiciese lo mismo, y que hará surgir ciertos pensamientos en vuestra mente, y la de otros, que a su vez afectarán a otros, y así sucesivamente, y sucesivamente, y sucesivamente, más allá de la capacidad del hombre para pensar más lejos; y todo a partir del paso de un diminuto pedacito de hollín, todo lo cual muestra la relatividad y asociación de las cosas, y el hecho además de que «no hay grande, no hay pequeño en la mente que todo lo causa».

Deteneos a pensar un momento. Si un cierto hombre no hubiera encontrado a una cierta doncella, en el oscuro período de la Edad de Piedra, vosotros los que estáis leyendo ahora estas líneas no estaríais ahora aquí. Y si, quizá, la misma pareja hubiera dejado de encontrarse, nosotros los que ahora escribimos estas líneas no estaríamos ahora aquí. Y el acto mismo de escribir, por nuestra parte, y el acto de leer, por la vuestra, afectará no sólo las vidas respectivas de vosotros y nosotros, sino que tendrán también un efecto directo, o indirecto, sobre muchas otras personas que viven ahora y que vivirán en los tiempos venideros. Todo pensamiento que pensamos, todo acto que ejecutamos tiene sus resultados directos o indirectos que se ajustan en la gran cadena de causa y efecto.

En esta obra, no deseamos entrar en una consideración del libre albedrío, o el determinismo, por diversas razones. Entre éstas la principal es que ningún lado de la controversia es enteramente correcto; de hecho, ambos lados son parcialmente correctos, de acuerdo con las enseñanzas herméticas. El principio de polaridad muestra que ambas son medias-verdades -los polos opuestos de la verdad-. Las enseñanzas son que un hombre puede ser libre y sin embargo estar ligado por la necesidad, dependiendo del significado de los términos y la altura de verdad desde la que se examina la cuestión. Los antiguos escritores expresan así la cuestión: «Cuanto más lejos está la creación del centro, más atada está; cuanto más cerca del centro se llega, más cerca de ser libre está.»

La mayoría de la gente es más o menos esclava de la herencia, el entorno, etc., y manifiesta muy poca libertad. Ellos son arrastrados por las opiniones, costumbres y pensamientos del mundo externo, y también por sus emociones, sentimientos, humores, etc. No manifiestan ninguna maestría digna del nombre. Ellos repudian indignados este aserto, diciendo: «Bueno, ciertamente soy libre de actuar y hacer como me place; hago justo lo que quiero hacer», pero dejan de explicar de dónde surge el «quiero» y el «me place». ¿Qué les hace «querer» hacer una cosa en preferencia a otra; qué hace que les «plazca» hacer esto y no hacer aquello? ¿No hay un «porqué» a su «placer» y «querer»? El maestro puede cambiar estos «placeres» y «querencias» en otros en el extremo opuesto del polo mental. Él es capaz de «querer querer», en vez de querer porque algún sentimiento, humor, emoción o sugestión ambiental hace surgir una tendencia o deseo dentro de él a hacerlo así.

La mayoría de las personas son arrastradas como la piedra que cae, obedientes al entorno, las influencias externas y los humores internos, deseos, etc., por no hablar de los deseos y voluntades de otros más fuertes que ellos mismos, herencia, ambiente y sugestión, que les arrastran sin resistencia de su parte, o el ejercicio de la voluntad. Movidos como peones sobre el tablero de ajedrez de la vida, juegan sus papeles y son dejados a un lado después de que el juego ha concluido. Pero los maestros, conociendo las reglas del juego, se elevan por encima del plano de la vida material, y situándose en contacto con los poderes superiores de su naturaleza, dominan sus propios humores, caracteres, cualidades y polaridad, así como el ambiente que les rodea, y así se convierten en jugadores en el juego, en vez de peones -causas en vez de efectos-. Los maestros no escapan a la causación de los planos superiores, sino que se ajustan a las leyes superiores, y dominan así las circunstancias en el plano inferior. Forman así una parte consciente de la ley, en vez de ser meros instrumentos ciegos. Mientras que sirven en los planos superiores, rigen en el plano material.

Pero, en el superior y en el inferior, la ley está siempre en operación. No hay cosas tales como la casualidad. La diosa ciega ha sido abolida por la razón. Somos capaces de ver ahora, con ojos aclarados por el conocimiento, que todo está gobernado por la ley universal -que el número infinito de leyes no son sino manifestaciones de la única gran ley-, la LEY que es EL TODO. Es cierto en verdad que ni un gorrión cae sin advertirlo la mente del TODO -que incluso los pelos en nuestra cabeza   están numerados- como lo han dicho las Escrituras. No hay nada fuera de la ley; nada que suceda contrario a ella. Y sin embargo, no cometáis el error de suponer que el hombre no es sino un autómata ciego -lejos de ello-. Las enseñanzas herinéticas dicen que el hombre puede usar la ley para superar las leyes, y que lo superior siempre prevalecerá contra lo inferior, hasta que al final haya alcanzado la etapa en la que busque refugio en la LEY misma, y se mofe de las leyes fenoménicas. ¿Sois capaces de captar el significado interno de esto?

CAPITULO XIII
GENERO

«El género está en todo; todo tiene sus principios masculino y femenino; el género se manifiesta en todos los planos.»

El Kybalion.

El gran séptimo principio hermético -el principio de género- incorpora la verdad de que hay género manifestado en todo; que los principios masculino y femenino están siempre presentes y activos en todas las fases de los fenómenos, en cada y todo plano de vida. En este punto creemos conveniente llamar vuestra atención al hecho de que el género, en su sentido hermético, y el sexo en el uso ordinariamente aceptado del término, no son lo mismo.

La palabra «género» se deriva de la raíz latina que significa «engendrar, procrear, generar, crear, producir». Una consideración momentánea os mostrará que la palabra tiene un significado mucho más amplio y general que el término «sexo», refiriéndose el último a las distinciones físicas entre las cosas vivientes macho y hembra. El sexo es meramente una manifestación del género en un cierto plano del gran plano físico -el plano de la vida orgánica-. Deseamos imprimir esta distinción sobre vuestras mentes, por la razón de que ciertos escritores, que han adquirido un conocimiento superficial de la filosofía hermética, han buscado identificar este séptimo principio hermético con teorías y enseñanzas salvajes y fantasiosas, y a menudo reprensibles, concernientes al sexo.

El oficio del género es solamente el de crear, producir, generar, etc., y sus manifestaciones son visibles en todo plano de fenómenos. Es algo difícil producir pruebas de esto a lo largo de líneas científicas, por la razón de que la ciencia no ha reconocido todavía este principio como de aplicación universal. Pero a pesar de eso están surgiendo algunas pruebas a partir de fuentes científicas. En primer lugar, encontramos una clara manifestación del principio de género entre los corpúsculos, iones o electrones, que constituyen la base de la materia tal como la ciencia conoce ahora la última, y que formando ciertas combinaciones forman el átomo, que fue considerado hasta muy recientemente como final e indivisible. La última palabra de la ciencia es que el átomo está compuesto de una multitud de corpúsculos, electrones o iones (siendo aplicados los diversos nombres por autoridades diferentes), revolucionando uno alrededor del otro y vibrando en un grado de intensidad elevados. Pero se hace la afirmación acompañante de que -la formación del átomo es debida realmente al amontonamiento de corpúsculos negativos alrededor de uno positivo, pareciendo ejercer los corpúsculos positivos una cierta influencia sobre los corpúsculos negativos, haciendo que los últimos asuman ciertas combinaciones y así «crean» o «generan» un átomo. Esto está en línea con las más antiguas enseñanzas herméticas, que han identificado siempre el principio masculino del género con el polo «positivo», y el femenino con el polo «negativo» de la electricidad (así llamada).

Ahora una palabra en este punto concerniente a esta identificación. La mente del público se ha formado una impresión enteramente errónea concerniente a las cualidades del llamado polo «negativo» de la materia electrificada o magnetizada. Los términos positivo y negativo son aplicados muy erróneamente a este fenómeno por la ciencia. La palabra positivo significa algo real y fuerte, cuando se compara con una irrealidad o debilidad negativa. Nada está más lejos de los hechos reales de los fenómenos eléctricos. El llamado polo negativo de la batería es realmente el polo en y por el que se manifiesta la generación o producción de nuevas formas y energías. No hay nada «negativo» respecto a él. Las mejores autoridades científicas usan ahora la palabra «cátodo» en lugar de «negativo», viniendo la palabra cátodo de la raíz griega que significa «descendencia, el sendero de generación, etc.». Del polo cátodo emerge el enjambre de electrones o corpúsculos; del mismo polo emergen estos maravillosos «rayos» que han revolucionado las concepciones científicas durante la década pasada. El polo cátodo es la madre de todos los extraños fenómenos que han vuelto inútiles los viejos libros de texto, y que han causado que muchas teorías aceptadas desde hace largo tiempo sean relegadas a la pila de sobras de la especulación científica. El cátodo, o polo negativo, es el principio madre de los fenómenos eléctricos y de las formas iiiás finas de materia conocidas todavía por la ciencia. Así que veis que estamos usti cados en rehusarnos a usar e termino «negativo» en nuestra consideración del asunto, y en insistir sobre sustituir la palabra «femenino» por el viejo término. Los hechos del caso nos confirman en esto, sin tomar en consideración las enseñanzas herméticas. Y así usaremos la palabra «femenino» en lugar de «negativo» al hablar de ese polo de actividad.

Las últimas enseñanzas científicas son que los corpúsculos creativos o electrones son femeninos (la ciencia dice que «están compuestos de electricidad negativa», nosotros decimos que están compuestos de energía femenina). Un corpúsculo femenino se desprende de, o más bien abandona, un corpúsculo masculino, y comienza una nueva carrera. Busca activamente una unión con un corpúsculo masculino, siguiendo un impulso natural a crear nuevas formas de materia o energia. Un escritor va tan lejos como para usar el término «busca al punto, por su propia volición, una unión», etc. Este desprendimiento y union forman la base de la mayor parte de las actividades del mundo químico. Cuando el corpúsculo femenino se une con un corpúsculo masculino, ha comenzado un cierto proceso. Las partículas femeninas vibran rápidamente bajo la influencia de la energía masculina, y circulan rápidamente alrededor de la última. El resultado es el nacimiento de un nuevo átomo. Este nuevo átomo está compuesto realmente de una unión de los electrones o corpúsculos masculino y femenino, pero cuando se forma la unión el átomo es una cosa separada, teniendo ciertas propiedades, pero no manifestando ya más la propiedad de electricidad libre. El proceso de desprendimiento o separación de los electrones femeninos es llamado «ionización». Estos electrones, o corpúsculos, son los trabajadores más activos en el campo de la Naturaleza. Surgiendo de sus uniones, o combinaciones, se manifiestan los variados fenómenos de la luz, el calor, la electricidad, el magnetismo, la atracción, la repulsión, la afinidad química y lo opuesto, y fenómenos similares. Y todo esto surge a partir de la operación del principio de género en el plano de la energía.

La parte del principio masculino parece ser la de dirigir una cierta energía inherente hacia el principio femenino, iniciando así a la actividad los procesos creativos. Pero el principio femenino es el que está haciendo siempre el trabajo creativo -y esto es así en todos los planos-. Y, sin embargo, cada principio es incapaz de energía operativo sin la asistencia del otro. En algunas de las formas de vida, los dos principios están combinados en un organismo. Por eso, todo en el mundo orgánico manifiesta ambos géneros -siempre está presente el masculino en la forma femenina, y el femenino en la forma masculina-. Las enseñanzas henméticas incluyen mucho concerniente a la operación de los dos principios del género en la producción y manifestación de diversas formas de energía, etc., pero no estimamos conveniente entrar en detalles concernientes a las mismas en este punto, porque somos incapaces de respaldarlas con pruebas científicas, por la razón de que la ciencia no ha llegado aún tan lejos. Pero el ejemplo que os hemos dado de los fenómenos de los electrones o corpúsculos os mostrará que la ciencia está en el sendero correcto, y os dará también una idea general de los principios subyacentes.

Algunos investigadores científicos prominentes han anunciado su creencia de que en la formación de los cristales habría de encontrarse algo que corresponde con la «actividad sexual», lo que es otra paja que muestra la dirección en que están soplando los vientos científicos. Y cada año traerá otros hechos para corroborar la corrección del principio hermético de género. Se encontrará que el género está en operación y manifestación constante en el área de la materia inorgánico y en el área de la energía o fuerza. La electricidad es ahora considerada generalmente como el «algo» en el que todas las otras formas de energía parecen fundirse o disolverse. La «teoría eléctrica del universo» es la última doctrina científica, y está creciendo rápidamente en popularidad y en aceptación general. Y se sigue así que si somos capaces de descubrir en los fenómenos de la electricidad -incluso en la raíz y fuente misma de sus manifestaciones- una evidencia clara e inconfundible de la presencia del género y sus actividades, estamos justificados en pediros que creáis que la ciencia ha ofrecido por fin pruebas de la existencia en todos los fenómenos universales de ese gran principio hermético: el principio de género.

No es necesario que os toméis vuestro tiempo con los fenómenos bien conocidos de la «atracción y repulsión» de los átomos la afinidad química; los «amores y odios» de las partículas atómicas-, la atracción o cohesión entre las moléculas de matena. Estos hechos son demasiado bien conocidos para necesitar un comentario ampliado por parte nuestra. Pero ¿habéis considerado alguna vez que todas estas cosas son manifestaciones del principio de género? ¿No podéis ver que los fenómenos coinciden plenamente con el de los corpúsculos o electrones? Y mas aún, ¿no podéis ver la razonabilidad de las enseñanzas herméticas que afirman que la ley misma de gravitación -esa extraiía atracción en razón de la cual todas las partículas y cuerpos de materia en el universo tienden uno hacia el otro- no es sino otra manifestación del principio de género, que opera en la dirección de atraer las energías masculinas hacia las femeninas, y viceversa? No podemos ofrecemos una prueba científica de esto en este momento, pero examinad los fenómenos a la luz de las enseñanzas herméticas sobre el asunto, y ved si no tenéis una mejor hipótesis que funcione que cualquiera ofrecida por la ciencia física. Someted todos los fenómenos físicos a la prueba, y discerniréis el principio de género siempre en evidencia.

Pasemos ahora a una consideración de la operación del principio en el plano mental. Muchos rasgos interesantes están aguardando ahí su examen.

CAPITULO XIV
GENERO MENTAL

A los estudiantes de psicología que han seguido la tendencia moderna de pensamiento a lo largo de las líneas de los fenómenos mentales les ha llamado la atención la persistencia de la idea de la mente dual que se ha manifestado tan fuertemente durante los pasados diez o quince años, y que ha dado origen a un número de plausibles teorías concernientes a la naturaleza y constitución de estas «dos mentes». El fallecido Thomson J. Hudson alcanzó gran popularidad en 1893 avanzando su bien conocida teoría de las «mentes objetiva y subjetiva» que sostenía que existían en todo individuo. Otros escritores han atraído casi igual atención por las teorías concernientes a las «mentes consciente y subconsciente», las «mentes voluntaria e involuntaria», «las mentes activa y pasiva», etc. Las teorías de los diversos escritores difieren una de la otra, pero permanece el principio subyacente de «la dualidad de la mente». El estudiante de la filosofía hermética está tentado a sonreír cuando lee y oye de estas muchas «nuevas teorías» concemientes a la dualidad de la mente, adhiriéndose tenazmente cada escuela a sus propias teorías caprichosas, y exclamando cada una haber «descubierto la verdad». El estudiante vuelve las páginas de la historia oculta, y muy atrás en los oscuros comienzos de las enseñanzas ocultas encuentra referencias a la antigua doctrina hermética del principio de género en el plano mental -la manifestación del género mental-. Y examinando más lejos encuentra que la filosofía antigua tuvo conocimiento del fenómeno de la «mente dual», y dio cuenta de él por la teoría del género mental. Esta idea del género mental puede ser explicada en unas pocas palabras a los estudiantes que están familiarizados con las teorías modernas recién aludidas. El principio masculino de la mente corresponde a la así llamada mente objetiva, mente consciente, mente voluntaria, mente activa, etc. Y el principio femenino de la mente corresponde a la así llamada mente subjetiva, mente subconsciente, mente involuntaria, mente pasiva, etc. Desde las enseñanzas herméticas no están de acuerdo con las muchas teorías modernas concernientes a la naturaleza de las dos fases de la mente, ni admiten muchos de los hechos alegados para los dos respectivos aspectos, siendo llevadas muy lejos algunas de dichas teorías y alegatos e incapaces de soportar la prueba del experimento y la demostración. Apuntamos a las fases de acuerdo meramente con el propósito de ayudar al estudiante a asimilar su conocimiento previamente adquirido con las enseñanzas de la filosofía hermética. Los estudiantes de Hudson notarán la afirmación al comienzo de su segundo capítulo de «La ley de los fenómenos psíquicos», de que: «La jerga mística de los filósofos herméticos descubre la misma idea general» -i. e., la dualidad de la mente-. Si el Dr. Hudson se hubiese tomado el tiempo y problema de descifrar un poco de «la jerga mística de la filosofía hermética», habría podido recibir mucha luz sobre el tema de «la mente dual»; pero entonces, quizá su obra sumamente interesante podría no haber sido escrita. Consideremos ahora las enseñanzas herméticas concernientes al género mental.

Los instructores herméticos imparten su instrucción concerniente a este sujeto invitando a sus estudiantes a examinar el dictamen de sus conciencias en lo que atañe a su ser. Se les invita a los estudiantes a volver su atención hacia adentro sobre el ser que habita dentro de cada uno. Se conduce a cada estudiante a ver que su conciencia le da primero un dictamen de la existencia de su ser -el dictamen es «yo soy»-. Éstas al principio parecen ser las palabras finales de la conciencia, pero un pequeño examen posterior descubre el hecho de que este «yo soy» puede ser separado o fragmentado en dos partes distintas, o aspectos, que mientras que trabajan al unísono y en conjunción, pueden, no obstante, ser separados en la conciencia.

Mientras que al principio parece haber sólo un «yo» existente, un examen más cuidadoso y más de cerca revela el hecho de que existe un «yo» y un «mí». Estos gemelos mentales difieren en sus características y naturaleza, y un examen de su naturaleza y los fenómenos que surgen de la misma arrojará mucha luz sobre muchos de los problemas de la influencia mental.

Comencemos con una consideración del «mí», que es usualmente confundido con el «yo» por el estudiante, hasta que empuja la pesquisa un poco más lejos atrás en los escondrijos de la conciencia.

Un hombre piensa de su ser (en su aspecto de «mí») como estando compuesto de ciertos sentimientos, apetencias, gustos, disgustos, hábitos, ataduras peculiares, características, etc., todo lo cual contribuye a componer su personalidad o el «ser» conocido a él mismo y a otros. Él sabe que estas emociones y sentin-úentos cambian, nacen y se desvanecen, están sujetos al principio de ritmo y al principio de polaridad, que le llevan de un extremo de sentín-úento al otro. También piensa en el «mí» como siendo cierto conocimiento reunido en su mente, y formando así una parte de sí mismo. Este es el «mí» de un hombre.

Pero hemos procedido demasiado rápidamente. El «mí» de muchos hombres puede decirse que consiste mayormente de su conciencia del cuerpo y sus apetitos físicos, etc. Estando su conciencia mayormente ligada a su naturaleza corporal, ellos prácticamente «viven ahí». Algunos hombres van incluso tan lejos como para considerar su vestido personal como una parte de su «mí», y realmente parecen considerarlo una parte de sí rmsmos. Un escritor ha dicho humorísticamente que «los hombres constan de tres partes: alma, cuerpo y trajes». Esta gente «consciente de sus trajes» perdería su personalidad si se la desvistiese de su ropaje por los salvajes con ocasión de un naufragio. Pero incluso muchos que no están tan fuertemente atados con la idea de la vestimenta personal se adhieren estrechamente a la conciencia de que sus cuerpos sean su «mí». No pueden concebir un ser independiente del cuerpo. Su mente parece serles prácticamente «algo que pertenece a» su cuerpo -lo que en muchos casos es en verdad.

Pero conforme el hombre se eleva en la escala de la conciencia, es capaz de desenredar su «mí» de su idea del cuerpo, y es capaz de pensar en su cuerpo como «perteneciente a» la parte mental de él. Pero incluso entonces está muy expuesto a identificar el «mí» enteramente con los estados mentales, sentimientos, etc., que siente que existen dentro de . Est muy expuesto a considerar estos estados internos como idénticos consigo mismo, en vez de que sean simplemente «cosas» producidas por alguna parte de su mentalidad, y existiendo dentro de él -de él y en él, pero aún no «él mismo»-. El ve que puede cambiar estos estados internos de sentimientos por un esfuerzo de la voluntad, y que puede producir un sentimiento o estado de una naturaleza exactamente opuesta, del mismo modo, y sin embargo el mismo «mí» existe. Y así después de un rato es capaz de dejar a un lado estos diversos estados mentales, emociones, sentimientos, hábitos, cualidades, características y otras pertenencias mentales personales; es capaz de dejarlas a un lado en la colección «no mí» de curiosidades e impedimentos, así como valiosas posesiones. Esto requiere mucha concentración mental y poder de análisis mental de parte del estudiante. Pero, sin embargo, la tarea es posible para el estudiante avanzado, e incluso aquellos no tan avanzados son capaces de ver, en la imaginación, cómo puede ser llevado a cabo el proceso.

Después de que se ha llevado a cabo este proceso de dejar a un lado, el estudiante se encontrará en posesión consciente de un «ser» que puede ser considerado en sus aspectos duales de «yo» y «mí». Se sentirá que el «mí» es un algo mental en que los pensamientos, ideas, emociones, sentimientos y otros estados mentales pueden ser producidos. Puede ser considerado como la «matriz mental», como los antiguos lo nombraban, capaz de generar retoños mentales. Se presenta a la conciencia como un «mí» con poderes latentes de creación y generación de progenie mental de todas suertes y clases. Sus poderes de energía creativa se siente que son enormes. Pero aún parece ser consciente de que debe recibir alguna forma de energía de su «yo» compañero, o de algún otro «yo», antes de ser capaz de traer a la existencia sus creaciones mentales. Esta conciencia trae consigo la realización de una enorme capacidad para el trabajo mental y la capacidad creativa.

Pero el estudiante pronto encuentra que esto no es todo lo que encuentra dentro de su conciencia interna. Encuentra que existe un algo mental que es capaz de querer que el «mí» actúe a lo largo de ciertas líneas creativas, y que es capaz también de permanecer a un lado y observar la creación mental. A esta parte de sí mismos se le enseña a llamarla su «yo». Él es capaz de descansar en su conciencia a voluntad. El no encuentra ahí la conciencia de una capacidad de generar y crear activamente, en el sentido del proceso gradual acompañante a las operaciones mentales, sino más bien una sensación y conciencia de la capacidad de proyectar una energía desde el «yo» hasta el «mí» -un proceso de «querer» que la creación mental comience y proceda-. Encuentra también que el «yo» es capaz de permanecer a un lado y observar las operaciones de creación y generación mental del «mí». Hay este aspecto dual en la mente de toda persona. El «yo» representa el principio masculino del género mental; el «mí» representa el principio femenino. El «yo» representa el aspecto de ser; el «mí», el aspecto de venir a ser. Notaréis que el principio de correspondencia opera en este plano igual que lo hace sobre el gran plano sobre el que se lleva a cabo la creación de universos. Los dos son similares en clase, aunque vastamente diferentes en grados. «Como es arriba, es abajo; como es abajo, es arriba.»
Estos aspectos de la mente -los principios masculino y femenino, el «yo» y el mí»-, considerados en conexión con los bien conocidos fenómenos mentales y psíquicos, dan la llave maestra a estas regiones oscuramente conocidas de operación y manifestación mental. El principio de género mental da la verdad subyacente a toda el área de los fenómenos de influencia mental, etc.
La tendencia del principio femenino es siempre en la dirección de recibir impresiones, mientras que la tendencia del principio masculino es siempre en la dirección de dar o expresar. El principio femenino tiene un área de operación mucho más variada de lo que tiene el principio masculino. El principio femenino conduce el trabajo de generar nuevos pensamientos, conceptos, ideas incluyendo el trabajo de la imaginación. El principio masculino se contenta con el trabajo de la «voluntad», en sus variadas fases. Y sin embargo, sin la ayuda activa de la voluntad del principio masculino, el principio femenino está expuesto a permanecer contento con generar imágenes mentales que son el resultado de impresiones recibidas desde el exterior, en vez de producir creaciones mentales originales.
Las personas que pueden dar una atención y pensamiento continuados a un asunto emplean activamente ambos de los principios mentales: el femenino en el trabajo de la generación mental activa, y la voluntad masculina en estimular y energetizar la porción creativa de la mente. La mayoría de las personas realmente no emplean el principio masculino sino poco, y están contentas con vivir de acuerdo con los pensamientos e ideas instilados dentro del «mí» a partir del «yo» de otras mentes. Pero no es nuestro propósito detenernos sobre esta fase del asunto, que puede ser estudiada a partir de cualquier buen libro de texto sobre psicología, con la llave que os hemos dado concemiente al género mental.
El estudiante de los fenómenos psíquicos se percata de los maravillosos fenómenos clasificados bajo el encabezamiento de telepatía, transferencia de pensamiento, influencia mental, sugestión, hipnotismo, etcétera. Muchos han buscado una, explicación de estas variadas fases de los fenómenos bajo las teorías de los diversos instructores de la «mente dual». Y en cierta medida están en lo correcto, pues hay claramente una manifestación de dos fases distintas de actividad mental. Pero si tales estudiantes quieren considerar estas «mentes duales» a la luz de las enseñanzas herméticas concernientes a las vibraciones y el género mental, verán que la llave tanto tiempo buscada está a mano.
En los fenómenos de la telepatía se ve cómo la energía vibratorio del principio masculino se proyecta hacia el principio femenino de otra persona, y la última toma el pensamiento simiente y permite que se desarrolle a la madurez. Del mismo modo operan la sugestión y el

hipnotismo. El principio masculino de la persona que da las sugestiones dirige un vaho de energía vibratorio o poder de la voluntad hacia el principio femenino de la otra persona, y la última, aceptándolo, lo hace suyo y actúa y piensa acordemente. Una idea así alojada en la mente de otra persona crece y se desarrolla, y con el tiempo es considerada como el vástago mental de pleno derecho del individuo, mientras que es en realidad como el huevo del cuclillo puesto en el nido del gorrión, donde destruye al vástago de pleno derecho y se pone como en su hogar. El método normal es que los principios masculino y femenino en la mente de una persona se coordinen y actúen armoniosamente en conjunción uno con el otro. Pero, desgraciadamente, el principio masculino en la persona corriente es demasiado perezoso para actuar - el despliegue de poder de la voluntad es demasiado ligero- y la consecuencia es que tales personas son regidas casi enteramente por las mentes y voluntades de otras personas, a las que permiten hacer su pensamiento y volición por ellas. ¿Cuántos pocos pensamientos o acciones originales son ejecutados por la persona corriente? ¿No son la mayoría de las personas meras sombras o ecos de otras que tienen voluntades o mentes más fuertes que ellas? El problema es que la persona corriente reside casi del todo en su conciencia de «mí», y no realiza que tiene una cosa tal como un «yo». Se polariza en su principio femenino de la mente, y al principio masculino, en el que está alojada la voluntad, se le permite permanecer inactivo y no empleado.

Los hombres y las mujeres fuertes del mundo manifiestan invariablemente el principio masculino de la voluntad, y su fortaleza depende materialmente de este hecho. En vez de vivir sobre las impresiones hechas sobre sus mentes por otros, dominan sus propias mentes por su voluntad, obteniendo la clase de imágenes mentales deseada, y más aún dominan igualmente las mentes de otros, de la misma manera. Mirad a la gente fuerte, cómo se las apaña para implantar sus pensamientos-simiente en las mentes de las masas de la gente, haciendo así que la última tenga pensamientos acordes con los deseos y voluntades de los individuos fuertes. Es por esto que las masas de gente son tales criaturas semejantes a borregos, no originando nunca una idea propia, ni usando sus propios poderes de actividad mental.

La manifestación del género mental puede ser advertida en todo nuestro alrededor en la vida de cada día. Las personas magnéticas son aquellas que son capaces de usar el principio masculino de modo de impresionar sus ideas sobre otras. El actor que hace a la gente gemir o llorar como desea, está empleando este principio. E igualmente lo está el orador con éxito, hombre de estado, predicador, escritor u otra gente que está ante la atención pública. La peculiar influencia ejercida por alguna gente sobre otros es debida a la manifestación del género mental, a lo largo de las líneas vibratorias arriba indicadas. En este principio yace el secreto del magnetismo personal, la influencia personal, la fascinación, etc., así como los fenómenos agrupados generalmente bajo el nombre de hipnotismo.

El estudiante que se ha familiarizado con los fenómenos de los que generalmente se habla como de

«psíquicos» habrá descubierto la parte importante jugada en dichos fenómenos por esa fuerza que la ciencia ha denominado «sugestión», término por el cual se quiere dar a entender el proceso o método por el que una idea es transferida a, o «impresionada sobre», la mente de otro, haciendo que la segunda mente actúe de acuerdo con ella. A fin de comprender inteligentemente los variados fenómenos psíquicos en los que subyace la sugestión es necesario un entendimiento correcto de la sugestión. Pero aún más necesario le es un conocimiento de la vibración y el género mental al estudiante de la sugestión. Pues el principio completo de la sugestión depende del principio del género mental y de la vibración.

Es acostumbrado en los escritores y profesores de la sugestión explicar qué es la mente «objetiva o voluntaria» la que hace la impresión mental, o sugestión, sobre la mente «subjetiva o involuntaria». Pero no describen el proceso o no dan analogía ninguna en la naturaleza por la que podamos comprender más fácilmente la idea. Pero si queréis pensar en la cuestión a la luz de las enseñanzas herméticas, seréis capaces de ver que la energetización del principio femenino por la energía vibratoria del principio masculino está de acuerdo con las leyes universales de la naturaleza, y que el mundo natural proporciona incontables analogías por las que el principio puede ser entendido. De hecho, las enseñanzas herméticas muestran que la creación misma del universo sigue la misma ley, y que en todas las manifestaciones creativas, sobre los planos de lo espiritual, lo mental y lo físico, está siempre en operación este principio de género, esta manifestación de los principios masculino y femenino.

«Como es arriba, es abajo; como es abajo, es arriba.» Y más aún que esto, una vez que el principio de género mental es captado y entendido, los variados fenómenos de la psicología se vuelven al punto capaces de clasificación y estudio inteligentes, en vez de estar muy en la oscuridad. El principio «funciona» en la práctica, porque está basado sobre las inmutables leyes universales de la vida.

No entraremos en una discusión extendida, o descripción, de los variados fenómenos de la influencia mental o la actividad psíquica. Hay muchos libros, muchos de ellos bastante buenos, que han sido escritos y publicados sobre este asunto en los últimos años. Los hechos principales establecidos en estos diversos libros son correctos, aunque los distintos autores hayan intentado explicar los fenómenos por múltiples y caprichosas teorías que les son propias. El estudiante puede familiarizarse con estas materias, y usando la teoría del género mental será capaz de poner orden a partir del caos de la teoría y las enseñanzas conflictivas, y puede, más aún, hacerse prontamente él mismo un maestro del tema si así estuviera inclinado a hacerlo. El propósito de esta obra no es dar un relato extendido de los fenómenos psíquicos, sino más bien al estudiante la llave maestra por la que pueda abrir las muchas puertas que conducen a las partes del templo del conocimiento que pueda desear explorar. Creemos que en esta consideración de las enseñanzas de El Kybalion, uno puede encontrar una explicación que servirá para aclarar muchas aperplejantes dificultades - una llave que abrirá muchas puertas-. ¿Qué utilidad tiene entrar en detalles concernientes a todos los muchos rasgos de los fenómenos, psíquicos y la ciencia mental, supuesto que situamos en las manos del estudiante los medios por los que pueda familiarizarse él mismo plenamente con respecto a cualquier fase del tema que pueda interesarle? Con la ayuda de El Kybalion uno puede ir a través de cualquier biblioteca oculta de nuevo, iluminando la vieja luz de Egipto muchas páginas sombrías y asuntos oscuros. Ese es el propósito de este libro.

No venimos exponiendo una nueva filosofía, sino más bien proporcionando los bosquejos de una antiquísima gran enseñanza que aclarará las enseñanzas de otros, que servirá como un gran reconciliador de teorías diferentes y doctrinas opuestas.

CAPÍTULO XV

AXIOMAS

HERMÉTICOS

«La posesión del conocimiento, a no ser que vaya acompañada por una manifestación y una expresión en la acción, es como el amontonamiento de metales preciosos: una cosa vana y tonta. El conocimiento, como la riqueza, está destinado al uso. La ley del uso es universal, y aquel que la viola sufre en razón de su conflicto con las fuerzas naturales.»

El Kybalion.

Las enseñanzas herméticas, mientras que siempre fueron conservadas seguramente encerradas en las mentes de los afortunados poseedores de ellas, por razones que ya hemos establecido, nunca estuvieron destinadas a ser meramente almacenadas y mantenidas en secreto. La ley del uso es considerada en las enseñanzas, como podéis ver por referencia a la acotación de arriba de El Kybalion, que la establece a la fuerza. El conocimiento sin el uso y la expresión es una cosa vana, que no trae ningún bien a su poseedor o a la raza. Cuidados de la tacañería mental y expresad en acción lo que habéis aprendido. Estudiad los axiomas y aforismos, pero practicadlos también.

Damos abajo algunos de los más importantes axiomas herméticos de El Kybalion, con unos pocos comentarios añadidos a cada uno. Haced éstos vuestros, y practicadlos y usadlos, pues no son realmente vuestros hasta que los habéis usado.

«Para cambiar vuestro humor o estado mental, cambiad vuestra vibración.»

Uno puede cambiar sus vibraciones mentales por un esfuerzo de la voluntad, en la dirección de fijar deliberadamente la atención sobre un estado más deseable. La voluntad dirige la atención, y la atención cambia la vibración. Cultivad el arte de la atención, por medio de la voluntad, y habréis solucionado el secreto de la maestría de los humores y los estados mentales.

«Para destruir una frecuencia indeseable de vibración mental, poned en operación el principio de polaridad y concentraos sobre el polo opuesto a aquel que deseáis suprimir. Matad lo indeseable cambiando su polaridad.»

Ésta es una de las fórmulas herméticas más importantes. Está basada sobre verdaderos principios científicos. Os hemos mostrado que un estado mental y su opuesto eran meramente los dos polos de una cosa, y que por la transmutación mental la polaridad podía ser invertida. Este principio es conocido por los modernos psicólogos, que lo aplican a la ruptura de hábitos indeseables ordenando a sus estudiantes concentrarse sobre la cualidad opuesta. Si estás poseído del temor, no pierdas el tiempo tratando de «matar» el temor, sino que cultiva en cambio la cualidad del coraje, y el temor desaparecerá. Algunos escritores han expresado esta idea muy fuertemente usando la ilustración de la habitación oscura. No tenéis que traspasar o barrer la oscuridad, sino que meramente abriendo los postigos y dejando entrar la luz, la oscuridad ha desaparecido. Para matar una cualidad negativa, concentraos sobre el polo positivo de esa misma cualidad, y las vibraciones cambiarán gradualmente del negativo al positivo, hasta que finalmente os volveréis polarizados en el polo positivo en vez de en el negativo. Lo inverso también es verdad, como muchos han hallado para su pesar, cuando se han permitido a sí mismos vibrar demasiado constantemente en el polo negativo de las cosas. Cambiando vuestra polaridad podéis dominar vuestros humores, cambiar vuestros estados mentales, rehacer vuestra disposición y edificar el carácter. Mucha de la maestría mental de los herméticos avanzados se debe a esta aplicación de la polaridad, que es uno de los aspectos importantes de la transmutación mental. Recordad el axioma hermético (acotado previamente) que dice:

«La mente (así como los metales y los elementos) puede ser transmutada, de estado a estado; de grado a grado; de condición a condición; de polo a polo; de vibración a vibración.»

La maestría de la polarización es la maestría de los principios fundamentales de la transmutación mental o alquimia mental, pues salvo que uno adquiera el arte de cambiar su propia polaridad, será incapaz de afectar a su ambiente. Una comprensión de este principio le capacitará a uno para cambiar su propia polaridad, así como la de otros, si tan sólo quiere dedicar el tiempo, cuidado, estudio y práctica necesarios para amaestrar el arte. El principio es verdadero, pero los resultados obtenidos dependen de la paciencia y práctica persistentes del estudiante.

«El ritmo puede ser neutralizado por una aplicación del arte de la polarización.»

Como hemos explicado en capítulos anteriores, los hermetistas sostienen que el principio de ritmo se manifiesta en el plano mental así como en el plano físico, y que la desconcertante sucesión de humores, sentimientos, emociones y otros estados mentales es debida a la oscilación hacia adelante y hacia atrás del péndulo mental, que nos lleva de un extremo de sentimiento hasta el otro. Los hermetistas enseñan también que la ley de neutralización le capacita a uno, hasta una gran medida, para superar la operación del ritmo en la conciencia. Como hemos explicado, hay un plano superior de conciencia, así como el plano inferior ordinario, y el maestro elevándose mentalmente al plano superior hace que la oscilación del péndulo mental se manifieste en el plano inferior, y él residiendo en su plano superior, escapa a la conciencia de la oscilación hacia atrás. Esto se efectúa polarizándose en el ser superior, y elevando así las vibraciones mentales del ego por encima de las del plano ordinario de conciencia. Es similar a elevarse por encima de una cosa, y permitirle que pase por debajo tuyo. El hermetista avanzado se polariza en el polo positivo de su ser -el polo «yo soy» más que el polo de la personalidad-, y «rehusando» y «negando» la operación del ritmo, se eleva por encima de su plano de conciencia, y poniéndose firme en su afirmación del ser permite que el péndulo oscile hacia atrás en el plano inferior sin cambiar su polaridad. Esto es llevado a cabo por todos los individuos que han conseguido cualquier grado de automaestría, entiendan la ley o no.   Tales personas simplemente se «rehusan» a permitirse a sí mismas ser osciladas hacia atrás por el péndulo del humor y la emoción, y afirmando firmemente la superioridad, permanecen polarizados en el polo positivo. El maestro, por supuesto, consigue un grado de eficiencia mucho mayor, porque él entiende la ley que está superando por una ley superior, y por el uso de su voluntad consigue un grado de aplomo y firmeza mental casi imposible de creer por parte de aquellos que se permiten a sí mismos ser osciladas hacia atrás y hacia adelante por el péndulo mental de humores y sentimientos.

Recordad siempre, sin embargo, que no destruís realmente el principio del ritmo, pues éste es indestructible. Simplemente superáis una ley contrarrestándola con otra, y mantenéis así un equilibrio. Las leyes del equilibrio y el contraequilibrio están en operación en los planos mentales, así como físicos, y una comprensión de estas leyes le capacita a uno a que parezca que derriba leyes, mientras que meramente está ejerciendo un contraequilibrio.

«Nada escapa al principio de causa y efecto, pero hay muchos planos de causación, y uno puede usar

las leyes del superior para superar las leyes del inferior»

El Kybalion.

Por un entendimiento de la práctica de la polarización, los hermetistas se elevan a un plano superior de causación y conhwestan así las leyes de los planos inferiores de causación. Elevándose por encima del plano de las causas ordinarias, se convierten ellos mismos, en un grado, causas en vez de ser meramente causados. Siendo capaces de amaestrar sus propios humores y sentimientos, y siendo capaces de neutralizar el ritmo, como ya hemos explicado, son capaces de escapar a una gran parte de las operaciones de causa y efecto en el plano ordinario. Las masas de gente son arrastradas, obedientes a su entorno, las voluntades y deseos de otros más fuertes que ellos, los efectos de tendencias heredadas, las sugestiones de aquéllos alrededor suyo, y otras causas externas, que tienden a moverles sobre el tablero de ajedrez de la vida como meros peones. Elevándose por encima de estas causas influenciantes, los hermetistas avanzados buscan un plano superior de acción mental, y dominando sus humores, emociones, impulsos y sentimientos, crean para sí mismos nuevos caracteres, cualidades y poderes, por los que superan su ambiente ordinario, y se convierten así prácticamente en jugadores en vez de meros peones. Tal gente ayuda a jugar el juego de la vida comprensiblemente, en vez de ser movida en este y aquel sentido por influencias más fuertes y poderes y voluntades. Usan el principio de causa y efecto, en vez de ser usados por él. Desde luego, incluso los más elevados están sujetos al principio tal como se manifiesta en los planos superiores, pero en los planos inferiores de actividad son maestros en vez de esclavos. Como El Kybalion dice:

«Los sabios sirven en el superior, pero rigen en el inferior. Obedecen las leyes que vienen de por encima de ellos, pero en su propio plano, y en aquellos por debajo de ellos, rigen y dan órdenes. Y sin embargo, al hacerlo así, forman parte del principio, en vez de oponerse a él. El hombre sabio se ajusta a la ley, y entendiendo sus movimientos la opera en vez de ser su esclavo ciego. Igual que el nadador adiestrado se vuelve en este sentido y en aquél, yendo y viniendo como quiere, en vez de ser como el leño que es llevado aquí y allá -igual es el hombre sabio comparado con el hombre ordinario-, y sin embargo el nadador y el leño, el hombre sabio y el tonto, están sujetos a la ley. Aquel que entiende esto está bien sobre la ruta hacia la maestría.»

El Kybalion.

En conclusión, llamemos de nuevo vuestra atención hacia el axioma hermético:

«La verdadera transmutación hennética es un arte mental.»

El Kybalion.

En el axioma de arriba, los hermetistas enseñan que la gran obra de influenciar el entorno de uno es llevada a cabo por el poder mental. Siendo el universo completamente mental, se sigue que puede ser regido sólo por la mentalidad. Y en esta verdad ha de encontrarse una explicación de todos los fenómenos y manifestaciones de los diversos poderes mentales que están atrayendo tanta atención y estudio en estos primeros años del siglo xx. Detrás de y bajo las enseñanzas de los diversos cultos y escuelas, permanece siempre constante el principio de la sustancia mental del universo. Si el universo es mental en su naturaleza sustancial, se sigue entonces que la transmutación mental debe cambiar las condiciones y fenómenos del universo. Si el universo es mental, entonces la mente debe ser el más elevado poder que afecta sus fenómenos. Si esto se entiende, entonces todos los supuestos «milagros» y «maravillas» se ven llanamente como lo que son.

«El TODO es MENTE; el universo es mental.»

El Kybalion.

Made in the USA
Las Vegas, NV
20 July 2024

92656352R00036